西南林业大学经管学术文库

▶ 国家自然科学基金项目"异质性视角下西部家庭消费间接碳排放的时空演变与驱动机制研究"（项目编号：72264035）
▶ 云南省"兴滇英才支持计划"青年人才专项项目"数字经济对云南家庭消费碳排放的影响效应及减排机制研究"
▶ 西南林业大学经济管理学院农林经济管理一级学科博士点建设项目
▶ 云南省哲学社会科学创新团队"云南森林生态产品价值实现理论与实践研究"
▶ 西南林业大学教学成果培育项目"新农科背景下农林高校本科一流课程科教融合的理论与实践研究"
▶ 云南省教育厅科学研究基金项目"数字经济对高碳制造业企业绿色技术创新的影响研究"（项目编号：2024Y625）
▶ 云南省一流本科课程《科学研究方法与论文写作》

环境规制下云南家庭 消费间接碳排放 地区异质性与减排对策研究

付　伟　张连刚　等◎著

Regional Heterogeneity of
Indirect Carbon Emissions from Household Consumption and
Emission Reduction Countermeasures in
Yunnan under Environmental Regulation

经济管理出版社
ECONOMY & MANAGEMENT PUBLISHING HOUSE

图书在版编目（CIP）数据

环境规制下云南家庭消费间接碳排放地区异质性与减排对策研究 / 付伟等著. -- 北京：经济管理出版社，2024. -- ISBN 978-7-5096-9830-3

Ⅰ. F426.2；X511

中国国家版本馆 CIP 数据核字第 20240K0V27 号

组稿编辑：郭　飞
责任编辑：郭　飞
责任印制：许　艳
责任校对：蔡晓臻

出版发行：经济管理出版社
　　　　　（北京市海淀区北蜂窝 8 号中雅大厦 A 座 11 层　100038）
网　　址：www. E-mp. com. cn
电　　话：（010）51915602
印　　刷：唐山玺诚印务有限公司
经　　销：新华书店
开　　本：720mm×1000mm/16
印　　张：14.5
字　　数：223 千字
版　　次：2024 年 8 月第 1 版　　2024 年 8 月第 1 次印刷
书　　号：ISBN 978-7-5096-9830-3
定　　价：88.00 元

《环境规制下云南家庭消费间接碳排放地区异质性与减排对策研究》

撰写人员名单

付　伟　　张连刚　　李　龙

赵春艳　　巩海秀　　李　倩

前　言

党的二十大报告指出："推动经济社会发展绿色化、低碳化是实现高质量发展的关键环节。"家庭消费碳排放已成为碳排放的重要来源，基于家庭消费视角的碳减排已基本达成"共性"的规范认可。近年来，云南省在节能减排方面取得了一定成绩。《云南省国民经济和社会发展第十四个五年规划和二〇三五年远景目标纲要》提出，要"深入开展绿色家庭、绿色学校、绿色社区、绿色商场、绿色酒店等绿色生活创建行动，广泛宣传简约适度的生活理念，积极倡导绿色低碳的生活方式，营造全社会崇尚、践行绿色新发展理念的良好氛围"。

家庭消费碳排放是指家庭为满足生存需求和在一定社会经济条件下的发展需求而产生的碳排放。随着后工业化时代的到来，家庭能源消费增速占全球能源消费增速的比重持续高于工业部门，而快速增长的居民消费日益成为各国二氧化碳和污染物排放增加的关键驱动因素。家庭的直接能源消费只占居民消费碳排放中的较小部分，更多排放来源于居民在满足生活需求等时所购买的商品和服务，即家庭消费间接碳排放。碳减排的关注点逐步从"生产端"向"消费端"转移，从家庭间接消费角度研究碳减排是实现"双碳"目标的有效途径之一。

本书以云南家庭消费间接碳排放为研究对象，主要研究内容主要包括以下几个方面：

第一，系统分析云南省家庭消费间接碳排放现状和地区异质性，刻画了云南省整体、各州市和五大区域（滇中、滇西、滇西北、滇西南和滇东南）的碳排放总量、碳排放强度和人均碳排放量的变化趋势，并对以上地区的家庭消费间接碳排放总量、碳排放强度和人均碳排放量的地区差异性进行了具体分析。

第二，研究云南省家庭消费间接碳排放收敛特征以及与经济增长之间的关系，为云南省家庭消费碳减排路径与经济发展模式的选择提供参考和依据。进而对云南家庭消费碳排放地区异质性影响因素进行分析。

第三，从云南省的实际情况出发，从理论上揭示环境规制对家庭消费节能减排的内在作用机理，从实证角度探明不同环境规制工具对云南省不同地区的环境绩效的动态影响。

第四，通过对不同国家家庭消费间接碳减排政策对比，从正式环境规制和非正式环境规制两方面提出云南家庭消费间接碳减排对策。

家庭消费碳排放研究是一个复杂、系统的过程，本书借鉴了国内外相关文献，在此谨对这些文献的作者表达诚挚的感谢！同时，本书的顺利出版，由衷感谢西南林业大学、西南林业大学经济管理学院及有关部门的支持。感谢西南林业大学经济管理学院崔龙芳、雷甜甜、武璐三位研究生对相关调研问卷的收集、整理、编写等方面的付出。

家庭消费碳排放涉及内容宽泛，仍需新的理论加以指导并实践，进行深入系统地探索，书中难免有疏漏和不妥之处，恳请各位同行和读者批评指正。

著者
2024 年 6 月

目　录

第1章 绪论

1.1 研究背景

　　全球化为世界经济带来了发展动力，但是区域发展中的问题也成为了全球的问题，在追求全球经济利益的过程中，任何国家都不可避免地遭遇一系列区域发展问题，诸如全球气候变暖、气候变化以及碳排放等。温室气体的排放，尤其是二氧化碳的大量排放，被视为全球变暖的主要推手。随着大气中二氧化碳等温室气体浓度的持续上升，全球气温逐渐升高，导致两极冰盖缩减，海平面上升，进而对全球海岸线城市构成了直接威胁（李娜，2022）。随着地球温度的持续上升，气候变化已从纯粹的科学领域延伸到政治、经济、社会和生态等多个领域，成为国际社会共同关注的焦点（莫艳，2021）。尽管气候问题的成因错综复杂，但人类活动导致的温室气体增加已被广泛认为是全球变暖的主要原因之一。随着全球经济的持续增长，人口数量不断膨胀，消费水平日益提高，对化石能源的需求激增，导致过度开采，这进一步加剧了气候变化的严峻性。因此，国际社会需要共同努力，采取切实有效的措施来应对这一全球性的挑战。

2019 年，中国温室气体排放量达到 140.93 亿吨二氧化碳当量，该排放量占全球排放总量的比例达到了 27%（李明伟，2022）。《京都议定书》和《巴黎气候协定》都体现出全球、区域、各国寻求合作，提高能源利用率和减少能源相关二氧化碳排放量的意愿；同时，两个协议还指出，各方将协同强化全球应对气候变化的策略，致力于将全球平均气温的上升幅度控制在比工业化前水平高出不超过 2 摄氏度的范围内，同时进一步努力，争取将升温幅度限制在 1.5 摄氏度以内，以有效应对气候变化的严峻威胁。2021 年，巴黎协定进入实施以来的首次气候大会阶段，达成了《格拉斯哥气候公约》，明确将进一步减少温室气体排放，以将平均气温上升的幅度控制在 1.5 摄氏度以内。在当今全球高度互联的背景下，各国命运紧密相连，人类日益形成一个相互依存、共同发展的命运共同体。面对气候变化这一人类社会所遭遇的最重大挑战之一，减少温室气体排放、抑制全球气候变暖以及推动高质量发展已成为当前国际社会的普遍共识（莫艳，2021）。

中国作为仅次于美国的世界第二大经济体和全球制造业大国，2015 年出口额占全球总量的 17.4%，远超美国。然而，这一巨大的出口量也伴随大量的碳排放，且排放量呈现逐年递增的态势（李娜，2022）。经初步核算，2021 年，我国能源消费总量为 52.4 亿吨标准煤，比上一年增长 5.2%，碳排放总量上升 4%（张雨爽，2022）。2020 年世界各地区碳排放量普遍减少，然而，2021 年全球碳排放量增长近 6%，尽管碳排放有所减少，但这种减少趋势难以持续，节能减排的形势仍然十分严峻。根据中国气象局气候变化中心 2021 年发布的《中国气候变化蓝皮书》，全球温度持续上升，极端天气等气候事件发生的风险也在不断加剧。鉴于全球变暖趋势及碳排放量的持续增长，我国必须予以深切关注并积极采取有力措施以应对此挑战。为此，国家发展改革委环资司特别召开了关于碳达峰与碳中和工作的专题研讨会。会议强调，2022 年应将碳达峰与碳中和作为环境资源工作的重中之重，加速推进碳达峰与碳中和"1+N"政策体系的构建与完善。同时，"十四五"时期被视为实现碳达峰目标的关键阶段和窗口期，对于构建低碳循环经济体系具有至关重要的作用（张雨爽，2022）。在以可持续发展理念进行社会生产的前提下，我国更重视经济与环境平行发展的策略，努力探索一条具有中国特色的碳中和发展道路（赵佳策，2022）。

实现碳减排目标是一项长期且艰巨的挑战，单纯依赖市场机制在解决外部性问题上存在局限性，难以从根本上促进人与自然的和谐共生。因此，需要政府、社会及多方利益相关者的共同参与和努力，形成合力以应对这一全球性挑战（郝田田，2022）。环境规制是实现低碳经济发展的重要手段，是应对气候变化的有效途径。通过制定相关环境法规政策来推动和引导产业进行能源结构转型、产业结构升级，以实现经济绿色发展，具有十分重要的意义，环境规制的实施也是实现绿色发展的必然选择。环境规制不仅是对企业和居民生活行为的约束，也会对居民消费产生影响。研究居民消费间接碳排放问题，不仅有助于了解居民消费间接碳排放的特征，也为制定相关减排对策提供依据，更有利于促进社会经济可持续发展。

近年来，云南省在节能减排方面取得了一定成绩，但距离"双碳"目标还有较大差距。根据《云南省国民经济和社会发展第十四个五年规划和二〇三五年远景目标纲要》提出的"实现碳达峰、碳中和"目标，云南省在"十四五"期间需要完成碳减排目标，其中重点是推动居民消费间接碳排放的减排。

1.2　问题的提出

经济增长与环境污染之间的关系一直都是环境经济学研究的热点问题，在当今强调"低碳发展"与环境保护的理念下，这一问题的研究变得更加热门。尽管美国宣布退出《巴黎协定》，但中国依然坚定承诺继续履行该协定，并在党的十九大报告中明确提出要积极引导全球应对气候变化的国际合作，努力成为全球生态文明建设的关键参与者、重要贡献者和主要引领者（王倩和高翠云，2018）。中国作为一个有担当的大国，根据自身经济条件和发展实际，在哥本哈根气候大会上提出了明确的减排目标：到 2020 年单位国内生产总值二氧化碳排放比 2005 年下降 40% ~ 45%；并进一步承诺，到 2030 年单位国内生产总值二氧化碳排放比 2005 年下降 60% ~ 65%。实现社会经济增长与家庭消费碳排放之间的解耦，对于我国达成减排目标、推动经济持续健康发展具有重要的理论意义和实践意义（王君华和李霞，2015）。

随着后工业化时代的来临，家庭能源消费增速所占比重逐渐赶超工业部门，而日益增长的居民消费将成为各国二氧化碳增加的关键驱动要素，在中国的绿色转型过程中，家庭消费碳排放不容忽视。未来，家庭数量激增与家庭小型化特征将日益显著，作为经济社会的基本单元，中国主要的消费支出都源自家庭部门。中国社会经济的快速转型不断塑造着家庭的生活方式，社会经济的发展、外部环境和政策释放了大量的消费需求，导致家庭生活方式发生改变，这将成为家庭消费碳排放增加的主要来源。国家政策聚焦于扩大内需和促进消费，增加家庭消费将对中国的碳排放产生重大影响。管理家庭消费引起的碳排放对实现国家碳中和议程至关重要。因此，从家庭消费角度研究碳减排是实现"双碳"目标，支持中国低碳经济长期发展的需要。家庭层面的碳减排是提高国家环境质量的有效途径，基于家庭消费视角的碳减排已基本达成"共性"的规范认可。云南省家庭消费间接碳排放与经济增长关系如何？云南省家庭消费间接碳排放与经济增长是否实现了完全脱钩？对这些问题的研究，不仅事关云南省碳减排目标和环境规制的有效运行，更影响着中国低碳转型的成败。

1.3 研究意义

1.3.1 理论意义

随着全球气候变化，以二氧化碳为代表的温室气体的大量排放已成为全球面临的严重挑战之一。随着全球气候变暖的加剧，导致碳排放量增加，人们赖以生存的大气环境质量逐渐下降。长期以来，国内外学者对于碳排放的研究多聚焦于生产端，并在此基础上提出了相应的减排措施，从而影响了其实际应用。随着我国人民生活水平的提高以及城市化进程的加快，由生活消费引起的碳排放问题日益引起了人们的关注。本书依据"增强公众低碳消费观念—带动企业和社会优化供给结构—促进全社会达成绿色低碳发展目标"的思路框架，深入剖析了云南省居民间接碳排放的时空分布格局及其影响因子，进一步从消费端探寻减排潜能，旨在提升减排策略的精准度和实效性。此外，鉴于居民消费碳排放研究在碳排放领域的重要地位，加强此方面的研究有助于丰富和拓展碳排放研究的现有知识体系。

1.3.2 现实意义

近年来，关于家庭消费间接碳排放的研究，是在更好地满足居民的理性需求前提下，降低居民的消费行为对环境变化的影响。云南作为中国西部重要的省份，云南经济持续快速发展，环境污染问题也日益凸显。环境问题已成为制约云南省经济发展的一个重要因素。本书通过对云南省家庭消费间接碳排放进行测算和分析，为进一步研究云南省家庭消费间接碳排放提供数据支撑和理论基础，并致力于通过制定环境规制政策和减排措施实现低碳化转型，这是顺应自然环境、转变生产生活方式、响应生态文明建设的必然选择。另外，通过分析环境规制对家庭消费间接碳排放的影响机理，查找家庭消费碳减排政策发展的不足，探寻合适的环境规制强度范围，进一步为家庭层面碳减排制定相关政策措施提供一定程度的参考价值。因此，研究云南省居民消费间接碳排放问题对提高资源利用率、减少污染排放、推动生态文明建设具有重要意义。此外，开展居民消费间接碳排放与当前国家的发展战略相适应，有利于推动"3060"双碳战略的实施，有利于促进居民理性消费习惯的养成。

1.4 研究内容

本书以云南省家庭消费间接碳排放为研究对象，研究时段为 2012～2021 年，主体内容包括：

第 1 章，阐述了本书的研究背景与研究意义，提出本书研究的问题并将研究内容与拟解决的问题进行阐述。

第 2 章，对国内外的研究现状进行评述，对相关概念进行界定，分析研究所依据的理论基础。

第 3 章，从云南省家庭消费碳排放的八大类消费支出入手，把握并厘清云南省家庭居民在食品、衣着、居住、家庭设备用品、医疗保健、文教娱乐、交通通信以及其他的支出现状。

第 4 章，分析云南省家庭消费间接碳排放地区异质性，测算了 2012～2021 年云南省整体及各区域的家庭消费间接碳排放量和碳排放强度等指标，基于上述测算数据。刻画了云南省整体、各州市和五大区域（滇中、滇西、滇西北、滇西南、滇东南）的碳排放总量、碳排放强度和人均碳排放量的变化趋势，并对以上地区的家庭消费间接碳排放总量、碳排放强度和人均碳排放量的地区差异性进行了具体分析。

第 5 章，分析了云南省家庭消费碳排放收敛特征与地区经济增长之间的关系，从两个角度——云南省家庭消费间接碳排放强度的收敛特征和家庭消费间接碳排放强度与经济增长的脱钩关系，研究云南省家庭消费间接碳排放收敛特征以及与经济增长之间的关系，为云南省家庭消费碳减排路径与经济发展模式的选择提供参考和依据。

第 6 章，家庭消费碳排放地区异质性影响因素分析，基于 KAYA 恒等式的碳排放强度拓展模型，采用 LMDI 分解法对 2012~2021 年云南省家庭消费间接碳排放强度的变化进行分解，分析人口规模效应、经济发展效应、能源消费强度效应和能源结构强度效应等因素对碳排放强度的动态影响。在此基础上对 2012~2021 年云南省各州市和五大区域家庭消费间接碳排放的影响因素进行了定量分解。

第 7 章，环境规制对云南省家庭消费碳排放的影响研究，从云南省的现实情况出发，从理论上揭示环境规制对家庭消费节能减排的内在作用机理，从实证角度探明不同环境规制工具对云南省内不同地区的环境绩效的动态影响。

第 8 章，环境规制下云南家庭消费间接碳排的减排对策，通过对不同国家家庭消费间接碳减排政策对比，对不同国家家庭消费间接碳减排经验总结，结合以上的实证结果，从正式环境规制和非正式环境规制两方面提出云南家庭消费间接碳减排对策。

1.5　拟解决的问题

第一，刻画云南省家庭间接碳排放的基本特征和变化规律。在恰当度量云南省家庭间接碳排放的基础上，详细刻画云南省各地州市在家庭间接碳排放总量、碳排放强度和人均碳排放量等方面存在的差异以及各地州市家庭间接碳排放呈现的基本特征和变化规律。

第二，探讨云南省家庭间接碳排放异质性的影响机制。利用分解模型对云南省家庭间接碳排放的影响因素进行分解，从经济因素、人口因素和技术因素三个角度对家庭间接碳排放的影响程度进行评价，寻找造成区域差异的主导因素和贡献率。

第三，分析环境规制对云南省家庭间接碳排放的减排效果。基于恰当的计量经济模型和度量指标，分析不同类型的环境规制工具对云南省家庭间接碳排放的不同作用效果，探究不同类型环境规制工具在各地州市的适用性和有效性，为因地制宜地选择恰当的环境规制工具以及云南省环境规制优化提供决策参考。

第2章 基本概念和理论基础

本章通过对文献资料和前人所做的研究成果进行整理，把握和厘清家庭消费间接碳排放的概念，并对相关的理论基础进行了整理和表述，其中包括环境经济学理论、能源经济学理论、低碳经济理论、环境规制等。

2.1 基本概念

通过文献资料的查找收集和总结，对家庭消费间接碳排放和环境规制等概念进行阐述。

2.1.1 消费间接碳排放

居民消费碳排放根据碳排放源可分为居民消费直接碳排放和居民消费间接碳排放（杜威和樊胜岳，2016）。家庭消费的直接碳排放对应家庭的直接能源消费，是指居民在使用能量时所引起的二氧化碳排放，其中包含家庭用于照明、炊事、取暖的基本生活用能及个人交通用能所引起的二氧化碳排放（史琴琴，2017）。家庭间接碳排放源于家庭所消费的非能源类商品与服务，在其全生命周期内所产生的碳排放累积，这涵盖了商品生产、运输、销售等各个环节的碳排放。尽管这一过程看似与家庭日常消费无直接联系，但实际上是由家庭需求所驱动。相较于家庭直接碳排放的显性特征，家庭间接碳排放具有更强的隐蔽性，因此更容易被忽视。然而，在城市化的推进过程中，随着居民生活方式的不断改善，家庭间接碳排放的增长速度也在逐步加快，这一现象值得我们给予更多的关注和重视（莫艳，2021）。

本书计算的家庭消费间接碳排放具体包括食品、衣着、居住、家庭设备用品、医疗保健、交通通信、文教娱乐及其他消费产生的碳排放。其中，家庭生活基本碳排放包括食品、衣着、居住，发展碳排放包括家庭设备用品、医疗保健、交通通信、文教娱乐及其他（刘莉娜等，2016）。

2.1.2 环境规制

"环境"一词的基本含义是指对人类的生活与发展有直接或间接作用的自然要素的总称（陈德第等，2001）。规制是社会管理学的概念，是由产业需求所衍生出来的制度，它是指由国家根据有关的法律和规章，建立相关的政府职能机构，发挥政府干预功能来规范、限制和约束社会个体为依据（Stigler，1971）。规制部门通过制订相应的政策、规定和排放标准，对污染行为进行制约和干预，从而达到满足人民对环境保护和经济绿色发展的美好需要（游立素，2019）。按照规制的目标和内容，通常可以将其划分为两种类型：一类是经济规制，即国家通过规制市场主体和制定规制措施来维持产业运转；另一类是社会规制，即通过对环境问题和产品质量等因素所引起的负外部效应进行调节（辛佼，2022）。

环境规制理念于20世纪60年代被提出，其最初的观念是以政府为主导的方式干预环境使用。这一理念在一个新的历史时期内，由于人们对它的关注程度和方式的差异而产生。到了80年代，这种观念逐渐发展成为以资源税和环境税等手段来限制资源和环境的使用。进入21世纪后，这一理念得到了更大程度的完善，经济、行政和法律等多种调控方式相结合，直接调控和间接调控交替使用（赵佳策，2022）。

综上所述，本书定义了环境管制的内涵针对以生态保护、环境优化为目的的工业企业，政府采取某些措施以改变供求关系、市场资源配置和提高技术水平等，减少环境污染的负外部性，确保环境的可持续性。

2.2　理论基础

对所有问题的研究，都需要以正确的理论为基础，本书中的问题来源和解决方法都与环境经济学理论、能源经济学理论、低碳经济理论、环境规制等诸多理论紧密相关。所以，理解相关的基本原理，是顺利进行写作的关键所在。

2.2.1　环境经济学理论

在环境科学与经济科学之间，环境经济学是一门以经济发展与环境互动的规律、管理理论与方法为主要内容的一门边缘学科。环境经济学将环境与经济之间的复杂相互作用关系作为研究对象，探讨了怎样对人类经济活动与自然环境之间的物质交换进行合理调控，进而构建出一个可持续发展的经济与可持续使用的资源相协调的系统，以实现环境经济的综合高效。

在传统经济中，人们把空气和水看作取之不尽用之不竭的"无偿资源"，把大自然当作一个可以用来清理垃圾的地方。20 世纪 50 年代，随着人类生产力与人口的快速增长，人类的经济活动日益频繁，自然界的可持续发展能力与承载能力急剧降低，导致了人类面临着严重的能源短缺与生态破坏。因此，众多的自然学者与经济学者共同探讨解决环境问题的可行性，从而产生了 20 世纪 70 年代初期的"环境经济学"。

外部性理论、环境资源价值理论和环境公共产品理论是环境经济理论的基础。在环境经济学中，外部性是核心理论之一是对环境问题产生根源和处理的方法。"外部经济"这一概念最初是马歇尔于 1890 年在《经济学原理》中提出的。随后,在 1924 年出版的《福利经济学》一书中,首次引入了"内部不经济"和"外部不经济"的概念。外部性对社会经济的诸多领域产生了深远影响,包括对资源的合理利用、生态环境的破坏以及对工业发展的冲击等。因此,如何有效应对环境外部不经济性问题已成为学术界和政府共同关注的焦点。同时,外部性理论也为现代环境经济政策提供了重要的理论基础(梁学文,2020)。

1978 年,中国制定了为期八年的发展计划(1978~1985 年),该计划着重关注环境经济与环保技术经济的研究。随后,为进一步推动环境经济学的发展,我国在 1980 年成立了涵盖环境管理、经济与法律方面的协会。1981 年,《论环境经济》一书的出版更是奠定了这一学科领域的坚实基础(曹念,2014)。20 世纪 80 年代中期以后,环境经济学开始在国内兴起,众多的环境经济学者相继出现,并在环境价值的核算、环境经济分析和环境政策制定等领域取得了丰硕的成果。

2.2.2 能源经济学理论

能源经济学是能源科学与经济学的融合学科,它运用经济学的原理和方法,深入探讨能源在生产、分配、交换和消费等环节中所遇到的问题,揭示其内在的经济联系和规律,旨在为能源供需及其相关问题的解决提供科学的理论指导。从构成的角度来看,能源经济学的理论体系涵盖了能源工程与技术理论、能源系统学理论、能源市场经济理论、能源政策经济理论以及能源环境经济理论等多个方面。一般而言,能源经济的研究重点在于对能源生产和消费领域的微观经济分析,尤其关注能源微观经济的配置效率问题(查建平,2014)。

在 20 世纪 70 年代之前,能源供应充足,能源经济学主要关注如何提高能源利用效率和降低生产成本。随着石油危机的爆发,各国开始意识到能源短缺和供应体系的脆弱性,纷纷构建能源保障体系,提升能源效率。这促使人们从经济学角度重新审视能源问题。近几十年来,环境问题日益严重，传统化石能源的外部性问题如汽车废气、噪声污染、二氧化碳排放等逐渐凸显。人为碳排放增加导致全球气候变暖，引发异常气候灾难。因此，能源外部性成为能源经济学的研究焦点。相较于欧美国家，中国能源经济学研究起步较晚。在计划经济时期，中国能源研究主要局限于技术层面。改革开放后，随着市场经济体制的确立和能源需求的增长，中国能源经济理论逐渐成熟。近年来，随着能源进口量增加、国内外市场对接及外部性问题的显现，能源经济学研究受到学术界和政府的重视。

　　总的来说，能源经济学的发展历程反映了人类对能源问题不断深化认识的过程。从最初的供应和使用效率，到后来的保障体系和外部性问题，能源经济学在不断适应和应对新的挑战和问题。未来，随着能源结构的转变和环境问题的加剧，能源经济学将继续发挥重要作用，为人类社会的可持续发展提供理论支持。

2.2.3　低碳经济理论

　　"低碳经济"这一概念最初源于英国政府的报告。它主要包含了两大核心要义：第一，低碳经济必须建立在低碳、可持续的基础之上，旨在充分满足人们的各类生产和物质需求；第二，它追求的是一种低能耗、低碳排放以及低污染的经济发展模式，其终极目标是有效减少二氧化碳的排放，并以此为基础，实现经济发展与环境保护之间的和谐平衡（方时姣，2010）。

　　2003 年，英国贸工部发布的能源白皮书中首次提出"低碳经济"这一理念（邓林昊等，2022），2005 年，欧洲联盟发起碳排放交易制度，各个国家发展规划中将低碳经济列为发展主题，这也逐渐成为了世界各国开展合作的基础和重要内容。2007 年，中国官方发布了《中国的能源状况与政策》白皮书，将可再生能源列入了我国的能源发展策略。2009 年哥本哈根大会及 2010 年坎昆气候变化大会，共同开启了"低碳"的新世纪。2009 年，中国环境与发展国际合作委员会发布的《中国发展低碳经济途径研究》，将其界定为将经济、科技、社会三者有机结合的一种新体系。但实现我国发展低碳经济的主要途径就是实现能源科技变革，而在此过程中，国家必须积极推动体制变革。要实现"低碳"，必须兼顾经济发展与环境保护两个目标。但是，环境的"公共物品"特性和温室气体的"负外部性"特征，使得一些问题不能通过市场的调节来得到有效的缓解，这就要求政府对其进行有效的调节。同时，环境规制是为了维护生态安全，这也符合了"低碳经济"的理念。因此，环境规制作为减少碳排放的有效方法和政策措施，必然以低碳经济的方式来管理碳排放，从而实现低碳社会的发展目标（郝田田，2022）。

2.2.4 环境脱钩理论

"脱钩"是一种在两个或更多要素间发生同步变化和相互作用的关系。脱钩理论最初是由经合组织（OECD）提出的，关于"资源消耗"的基本理论。以此为基础，以循环经济和可持续发展等为支撑，揭示经济发展和能量消耗非同步演变的实质。目前，脱钩理论的评估方法有两种：一种是对相同时间序列下总经济量和消费总量的变动关系进行对比，对两者之间是否存在耦合或者脱钩进行判定，以证明经济增长对物质能源消费的依赖程度。另一种是在相同的时序上，对能耗强度（IU）的变化进行对比分析（辛佼，2022）。在确保经济增长的前提下，降低材料能耗，符合经济、社会和协调发展的规律。20 世纪末期，经合组织把"脱钩"的研究领域拓展到了农业政策制定、环境经济学等领域，在产业发展的进程中，"脱钩"是指物质能量消费与 GDP 增速同步上升，而后两者又会发生反向变化，从而达到既提高了经济增速又降低了物力能量消费的目的。

另外，按照减少单位 GDP 的环境压力是否会导致整体的环境压力下降，"脱钩"又可划分为两类：相对脱钩和绝对脱钩。其中，相对脱钩是指在经济发展进程中，资源消费和环境压力的增速比较低；绝对脱钩是在我国的经济高速发展的同时，我国的能耗增速、环境压力增速都在下降。

通常情况下，相对脱钩是首先出现的，其次再经过人工调整，最后达到完全脱钩的状态。脱钩指数反映了经济发展驱动因素与环境因素在同一时期的增长弹性变动，并存在着相互转化的关系。Tapio 的"脱钩理论"将能耗与经济发展速度之间的动态关系作了进一步的分类，将能耗与经济发展速度之间的动态关系分成了八种。随着学者对脱钩理论的研究不断深入，脱钩理论体系日趋完善，在用简单的量化关系来说明经济发展与能源、环境消费之间的联系的基础上，结合面板数据的横向对比，来对地区经济趋势及能源消费进行预测。因此，脱钩理论得到了普遍应用。

2.3　国内外研究现状

家庭作为社会组成的基本单元，在消费过程中产生大量的碳排放，影响了碳减排工作的顺利开展。从目前国内外的研究来看，消费者作为产品或服务的最终消费者，其碳排放主要包括直接碳排放和间接碳排放。直接碳排放是指消费者购买并使用商品或服务时所产生的碳排放。间接碳排放则是指消费者购买商品或服务时，因其消费过程中所产生的碳排放，主要包括节能减排、节约资源、提高能源利用效率、保护环境等方面产生的碳排放。由于存在跨区域流动的特性，居民消费间接碳排放还会受到区域环境规制的影响。例如，在产业转移的过程中，由于能源利用效率低、技术水平落后等原因，导致了部分地区产生了大量的间接碳排放。因此，如何有效降低居民消费间接碳排放是实现"双碳"目标的重要途径之一。目前，已有学者对居民消费间接碳排放进行了相关研究，但主要集中在国家层面。家庭作为社会组成的基本单元，是重要的消费市场。通过对居民消费间接碳排放进行测算和分析，能够为研究消费市场以及政府制定政策提供参考依据。

2.3.1 消费间接碳排放的相关研究

2.3.1.1 消费碳排放研究

（1）时序演变。

众多国内外科学家通过时间序列发展的视角，深入探究了人口消费碳排放的演变趋势。研究结果显示，人口消费碳排放所占排放总量的比例呈现逐年上升的趋势，且间接能源碳排放的增长速度显著，已远超过直接能源排放的水平。这一发现为我们更全面地理解碳排放的结构和动态变化提供了新的视角。Park 和 Heo（2007）根据韩国能源需求的分析，该国一半以上是家庭能源需求，间接能源需求的比例达到了 60% 以上。冯玲等（2011）通过定量研究发现，1999～2007 年我国城镇居民碳排放总量和人均能源消费量持续增加，且间接排放量大于直接排放量，研究显示，城市人口与碳排放之间的差距正在逐渐缩小。在直接能源消费方面，电力和煤炭消费占据主导地位，而间接能源消费则主要来源于食品、教育和住宅等方面。根据王会娟和夏炎（2017）对中国居民消费碳排放发展趋势的调研，1995～2000 年，中国居民消费碳排放的年均增长率为 3.29%。然而，自 2007 年起，这一增长率呈现快速线性上升的态势。姚亮等（2017）针对中国居民在 1991～2010 年的消费碳排放进行了系统的核算。他们发现，中国居民的消费碳排放呈现持续增长的态势，不仅总量在逐年攀升，而且间接排放量也在稳步上升。这一趋势表明，中国居民的消费模式对碳排放的影响正在逐步加深。

冯玲等（2011）利用碳排放因子法和生活方式法，研究表明，我国城镇居民直接和间接能源消费的碳排放量均呈增加趋势，其中，直接能源消费主要是煤炭和电力，间接能源消费主要是食品和住房，两者差距趋于缩小。万文玉等（2017）学者采用碳排放系数法、投入产出法以及消费者生活方式法，深入探讨了我国城市和农村居民生活的碳排放情况，结果显示，无论是直接碳排放还是间接碳排放，均表现出明显的增长势头（万文玉等，2016）。而张馨等（2011）利用碳排放因子法和生活方式分析法，对中国家庭的直接能源消费和间接能源消费进行了详细调查。他们发现，农村居民的直接能源消费量所引发的碳排放量正呈现出不断增加的趋势，同时，其间接能源消费所导致的碳排放量也在逐步上升（刘书玲，2019）。

（2）研究区域。

在研究区域的选择上，现有探讨主要聚焦于国家、地区以及省市级别。徐丽等（2019）深入分析了 1997~2005 年中国居民消费碳排放的演变趋势，揭示出这段时间内，无论是中国居民消费的碳排放总量，还是城乡各自的能源碳排放量，均呈现增长态势。值得注意的是，2005 年城市的碳排放占比及其增长速度均超越了农村。张馨（2018）则通过细致研究我国能源消费碳排放的时空特征，发现 2000~2015 年，我国的能源消费碳排放量从 17.71×10^8 吨激增至 66.8×10^8 吨。具体到省级或地区层面，已有学者对吉林省（李国柱等，2016）、陕西省（杨屹等，2018）、西北地区（曲建升等，2013）以及中原经济区（史琴琴，2018）等地的居民能耗和碳排放进行了深入分析。家庭作为城市不可或缺的一部分，由于其人口和产业的高度集聚性，也成为了当前研究的热点之一。例如，吴开亚等（2013）便针对上海市，详细测算了居民消费所引发的间接碳排放量。

2.3.1.2 消费间接碳排放的核算方法

国内也有众多研究采用投入产出法来估算居民消费的碳排放量。投入产出法（IOA）最早由列昂惕夫教授于 1936 年提出。自 20 世纪 60 年代末起，它开始被广泛应用于能源及环境等相关领域的研究中（莫艳，2021），是评估内置能源消耗的流行工具宏观角度的能源消耗和污染物排放量，主要用于计算居民能源消耗和碳排放。Kok 等（2006）经过深入研究，进一步将投入产出法细分为三个子类：基本投入产出法、投入产出消费支出法及投入产出过程分析法。在这些分类中，尤以基本投入产出法的应用最为普及。不仅中国，日本等国家也有众多研究运用投入产出法来衡量居民的消费碳足迹。王莉等（2015）研究者融合了碳排放系数法和投入产出法，深入剖析了我国城乡居民消费的碳排放状况。他们的研究显示，尽管人均碳排放的差距在逐步缩小，但碳排放总量的差距却在持续扩大。城镇居民的煤炭消耗比重正在快速下降，其碳排放主要来源于间接方式；相比之下，农村居民的煤炭消耗比重较高，且以直接碳排放为主。史琴琴等（2018）利用投入产出法，对我国中原地区居民消费的间接碳排放进行了细致分析。他们发现这一排放量呈现波动上升的趋势，其中基本生活型碳排放的增长速度较快，而发展型碳排放的增长速度相对较慢。另外，崔盼盼等（2018）研究学者也运用投入产出法，对我国各省域的隐含碳排放进行了系统研究。他们的研究结果显示，除吉林省外，其余各省份的隐含碳排放量均呈现出增长的趋势。

生命周期评估（LCA）是对消费品（服务）生命周期内的能源消耗和碳排放进行跟踪分析，是可持续消费的领先研究技术。LCA 方法对产品（服务）生命周期信息的详细要求很高且数据严重限制了计算，并在某种程度上限制了该技术在更复杂的产品（服务）中的使用。Jones 和 Kammen（2011）描述的生命周期模型已被用来研究美国不同规模和收入的家庭的碳排放；姚亮等（2017）采用生命周期法，对 1997 年、2002 年以及 2007 年的居民消费隐含碳排放进行了精确的测算。

消费者生活方式（CLA）是一个全面的投入产出分析和生命周期方法，分析居民消费品的方法来评估模型的能源消耗和碳排放。消费者生活方式方法主要用以分析居民的消费行为和环境影响之间的关系。Feng 等（2011）运用消费者生活方式法，在细致分析中国不同地区的背景条件后，对城乡居民的收入与消费者生活方式的能源消耗和碳排放进行了对比分析。另外，曲建升等（2014）也采用消费者生活方式法，对中国省级居民的生活碳排放量进行了测度，其研究结果揭示出食品、取暖、煤炭和用电等因素是居民消费碳排放的主要驱动力。此外，刘莉娜等（2016）研究者综合运用了碳排放系数法、投入产出分析法以及消费者生活方式法等多种方法，对我国各省份居民的生活碳排放进行了深入分析，并得出结论：在时间上，无论是直接碳排放还是间接碳排放，均呈现增长的趋势。

2.3.1.3 碳排放地区差异研究

居民消费碳排放存在显著的区域差异，这种差异不仅体现在城乡之间，也体现在不同区域之间。换言之，无论是城市与农村之间，还是各个地区之间，居民消费碳排放都呈现不同程度的差异性。根据李光全等（2010）对我国农村居民能源消费二氧化碳排放的研究，空间格局以我国北部至西南地区为中心，向两侧逐渐减少。Feng 等（2011）的研究发现，城镇居民直接能源消费和二氧化碳排放量增长快于农村居民，而城镇居民间接能源消费和二氧化碳排放量则远高于直接消费。丁凡琳等（2019）通过空间全局和局部检验发现我国地级城市存在显著的空间相关性，排除采暖对居民消费碳排放的影响后，居民能源消费碳排放主要集中在东南沿海地区，这与我国的人口分布和经济发展水平相符。万文玉等（2016）根据经济区的规模和特性，将我国划分为八个不同的经济区。这些经济区之间居民能源消耗和碳足迹的显著差异，是造成我国整体碳排放差异的主要原因。具体而言，城镇居民的能源消费碳排放主要集中在东北部、西北部和中部地区。丁澜（2013）对广东省地级市居民食品消费碳排放的研究揭示了其空间结构的"中心—外围"特点，即多数城市表现为高碳排放聚集或低碳排放分布的特征。刘莉娜等（2016）的研究也发现，我国居民消费碳排放的空间分布存在显著差异，整体上呈现由东向西递减的趋势。此外，叶奕（2016）运用碳排放因子法和投入产出法对中国居民的直接与间接碳排放进行深入探究，结果显示，经济发达地区的间接碳排放量显著高于经济欠发达地区。同时，经济发达地区的排放源已从煤炭逐渐转向电力，而黄河中游及西北地区则仍以煤炭为主导。

2.3.1.4 消费间接碳排放的影响因素分析方法

消费间接碳排放的影响因素分析方法主要包括投入产出法、生命周期—投入产出法、LIMDI 分解法以及结构分解模型从环境、经济、社会和人口方面进行影响因素分析。Pachauri 和 Spreng（2002）通过运用投入产出法研究了印度居民家庭的能源消耗情况，他们发现城镇化进程的加快、人均可支配收入的增加以及能源强度的提升都是推动其增长的重要因素，而且居民的直接和间接能源需求相当接近。Duarte 等（2010）也采用了投入产出法来探讨西班牙居民生活碳排放的影响因素，并得出了类似的结论：收入水平的提高是导致直接和间接碳排放增长的主要原因。Lenzen（1998）利用生命周期—投入产出法评估了澳大利亚消费者的行为如何影响碳排放，并发现收入水平的提高会推动碳排放的增长。

Kahn（2000）的研究表明，城市的等级和规模不同，其人口分布特征对碳排放的影响也会有所不同。Kenny 和 Gray（2015）强调了家庭户规模、居住面积与类型、采暖方式以及供暖设备等因素在影响家庭能源消耗碳排放方面的重要性。Büchs 和 Schnepf（2013）通过对比三个具有不同家庭特征（包括收入、家庭规模、教育、性别、工作能力以及城乡差异）的地区在总排放量上的差异，进一步探讨了这些家庭特征对碳排放的影响，并根据收入和家庭规模对结果进行了相应的调整。

李科（2013）在对我国城乡居民生活能源消费产生的二氧化碳排放的研究中发现，城镇居民人均收入和人口规模的增加促进二氧化碳排放，收入和人口规模的提高可以限制碳排放。曲建升等（2014）基于 kaya 恒等式的基本原理，采用 LMDI 分解法，对 1995～2012 年我国城乡居民人均生活碳排放的影响因素进行了深入分析。研究结果显示，各因素对我国城镇居民人均生活碳排放的影响均大于对农村居民的影响，其中消费水平、经济水平及消费结构等因素对城乡居民人均生活碳排放的影响尤为显著。冯玲等（2011）对 1999～2007 年我国城镇居民生活能耗与碳排放的动态变化特征进行了分析，她们发现食品、教育文化娱乐服务以及居住是居民生活间接碳排放的主要来源，而人均住宅建筑面积则是影响居民生活碳排放变化的主要因素。陈海燕（2013）运用结构分解模型（SDA）对长三角地区居民消费间接碳排放的影响因素进行了分析，结果表明居民消费水平和城镇人口规模的增加是驱动居民消费间接碳排放增加的主要因素。在对我国农村居民生活能源碳排放进行深入分析后，万文玉等（2017）发现，农村的人口规模、居民的人均纯收入、生活消费支出以及青壮年人口的比重等因素，均对农村居民生活能源碳排放有着较高的贡献率。这一发现揭示了农村居民生活能源碳排放与这些关键因素之间的紧密联系。

丰霞等（2018）对浙江省居民消费产生的间接二氧化碳排放进行了研究，他们发现除了人口规模、经济发展水平、消费水平和二氧化碳排放强度等因素驱动二氧化碳排放外，能源消费强度和居民的消费结构也有可能减少二氧化碳排放。另外，李国柱等（2016）对吉林省居民的间接碳排放进行了研究，他们发现碳排放强度、人均消费支出、人口规模以及城镇化率的增加均对碳排放产生正向影响。张小洪等（2011）对我国四川、陕西、重庆、江西4个省份的居民家庭碳排放情况进行了调查，结果表明家庭能源结构、人口数量以及年收入均对碳排放有正向影响。

2.3.1.5　环境规制对碳排放的影响

随着研究的逐渐深入，学者开始探索不同类型环境规制对碳排放的实际影响。Aldy（2005）的研究证实，1960~1999年，美国的产品和消费所产生的碳排放遵循环境库兹涅茨曲线的规律，从而初步证明了环境规制与碳排放之间存在非线性关系。与此同时，Nachtigall等（2016）等支持绿色悖论的观点，并提出当边际开采成本上升且有可替代的清洁能源存在时，环境规制措施实际上有助于降低当前的碳排放量。Hovardas（2016）基于"绿色悖论"与"波特假说"这两种理论框架，对生态现代化进行了评价，并提出它们是环境发展的两个重要阶段。

国内学者对环境规制的研究也在不断深入。庞庆华等（2020）等的研究揭示出环境规制对碳排放的影响在不同区域间存在显著差异。许广月（2013）的研究进一步指出，环境规制不仅可以提高人均碳排放效率，而且这种提升效果在不同区域间也有所不同。李文东和尹传文（2010）的研究发现环境规制有助于推动碳减排，并验证了两者之间的因果关系。曾小平（2016）通过实证分析环境规制与低碳经济发展的关系，进一步验证了环境规制与碳减排之间的因果联系。傅京燕（2009）的研究也证实，正式的环境规制措施可以有效减少环境污染。何小钢和张耀辉（2012）运用STIRPAT模型进行分析，指出环境规制能够显著提升碳排放效率。然而，蓝虹和王柳元（2019）运用SE-SBM模型和面板门槛模型的研究却发现，我国当前的环境规制仍处于"绿色悖论"的阶段。

基于现有研究，不同的研究规模和方法导致对同一理论有不同的看法。不少学者认为，不同类型的环境规制对减少碳排放的效果不同，已经论证了环境规制的选择必须因地制宜。学者在环境规制分类和测量工具方面存在异同，虽然没有直接、绝对地反映环境规制对碳排放的影响，但这并不影响碳排放研究的不断丰富和深化。

2.3.2 环境规制的相关研究

随着国家经济的快速发展，环境问题也日趋严峻，减少污染物排放、减少温室气体排放是保证国家经济发展和生态安全的必要途径。在没有政府、市场和公众三方力量的情况下，实现减污降碳极为困难，因此，环境规制作为一种高效的减排措施，也吸引了众多学者对其进行研究。

2.3.2.1 环境规制的含义与分类

环境规制的含义及其分类是一个不断发展和充实的过程。赵敏（2013）、陈德敏和张瑞（2012）认为，国家可以通过对企业和消费者的影响，使外部性问题内化为现实的观点。高苇等（2018）提出，国家以制定环境规制政策为主，通常会介入市场，以应对由资源和环境等公众物品引起的市场失效。以上学者对于环境规制的理解多集中在公司与当地政府部门两个层面，即政府作为决策主体，而企业作为被监管主体，处于被动地位。在此之后，学者对此的认识逐步深化，其探讨的范围涵盖了政府部门、企业和公众三个方面，企业主动参与环保的行动以及公众对企业的施压都被纳入到了环境规制的范围之内。

环境规制的分类，有不同的分类方式。在具体实践过程中，根据不同的标准把环境规制分成以下几种类型：

（1）正式和非正式环境规制。

根据其制约方式和制约内容，可以将环境规制分为由政府引导、迫使企业被动服从的正式规制，公众和社会组织积极参与的非正式规制。如原毅军和谢荣辉（2014）依据环境规制对象的不同，将地方政府领导和公众划分为正式环境规制和非正式环境规制。国内外学者对非正式环境规制的研究较正式环境规制的时间较长，而且大多数学者都关注非正式环境规制是否能够有效地遏制环境污染。

（2）命令控制型、市场激励型和公众参与型环境规制。

命令控制型是一种通过以行政命令的手段来规范企业的排放，以达到改善环境的目的（易梦婷，2022）。市场激励型环境规制，是指政府借助如排污收费、可交易许可证制度等市场化手段，对排污企业进行经济激励和减排刺激，从而达成减少污染物排放的目标。而公众参与型环境规制，其核心在于通过公众的直接参与、环境信息的公开透明化以及自愿性的环境协议签署等方式，促进环境保护相关义务的履行和落实。这两种类型共同构成了环境规制的重要组成部分，以推动环境保护事业的发展。因而，环境规制具有一定的社会性质。李瑞前和张劲松（2020）将环境规制分为命令型、市场型以及非正式三类，并提出由于各利益相关者不断加入环境治理并进行有效监督，其产生的效果可与正式的环境规制相媲美。这种分类与观点强调了不同类型环境规制的重要性以及利益相关者参与环境治理的积极作用。

（3）自愿性和非自愿性环境规制。

根据企业的价值观念及自觉程度将其划分为自愿性和非自愿性环境规制。随着我国深入发展，在构建美丽中国的过程中，已经形成了一个整体的共识。以企业为代表的行动主体，其对生态文明的认识不断提高，对其自身的发展也在不断地提高。因此，他们愿意积极地履行自己的职责，并在此基础上，自愿签订协议或做出承诺，参与到环保等相关活动规制中，这属于自愿型规制。王分棉等（2021）认为自愿性的环境规制是一种以企业为主体，以其自身的弹性与自主性，可以有效地补充政府与市场之间的矛盾。例如，张辉（2015）认为市民可以更真切地感受到与自然的交流，感受到都市发展与建设对其所产生的影响。通过法律法规和行业约束等外部性介入或强迫手段来对公司等其他行动者实施的规制属于非自愿的。

2.3.2.2 环境规制的测算

关于环境规制的研究呈现多样性，由于缺乏统一标准，学者在度量环境规制时采用了不同的方法。这些方法主要可以归纳为单一指标、综合赋值或复合指标以及替代指标三种思路（李明伟，2022）。然而，环境规制作为一种政策工具，其本身难以量化的特性给衡量工作带来了挑战。

在衡量环境规制时，主要使用的指标包括简单定量指标、定性指标和综合定量指标。其中，简单定量指标大致可以分为以下几类：环境污染治理的投资额或污染治理设备运行费用、污染物排放量的变动、政府制定的环境法规数和环保部门行政处罚数、污染减排补贴、排污费或相关税费以及公众参与程度等。这些指标在实践中得到了广泛应用，如肖兴志和李少林（2013）利用污染治理投资额来计算环境规制强度，张鑫等（2022）选取"三废"达标率作为衡量标准。然而，定性指标由于基于专家的主观判断，因此缺乏科学性和客观性。为了克服这一缺陷，更多研究者倾向于使用综合定量指标来全面反映环境规制的总体强度。例如，宋琳和吕杰（2017）运用主成分分析法对中国省级面板数据进行了环境规制强度的测算，并探讨了我国环境规制的区域差异性。叶琴等（2018）也采用了综合指数评估法来测算环境规制。

综上所述，尽管环境规制的度量存在难度和挑战，但学者通过不断探索和实践，已经发展出了一系列有效的方法和指标来衡量和分析环境规制的效果和强度。这些方法不仅有助于我们更深入地理解环境规制的作用机制，也为未来的环境政策制定提供了有益的参考和借鉴。

2.3.3 研究评述

2.3.3.1 消费间接碳排放的相关研究

随着全球气候变化的日益严峻，消费碳排放作为温室气体排放的重要组成部分，受到了广泛关注。从现有的文献来看，消费碳排放研究涵盖了时序演变、研究区域、核算方法、地区差异以及影响因素分析等多个方面，为深入理解消费碳排放现象提供了丰富的视角和方法。

首先，时序演变研究揭示了消费碳排放总量的持续增长趋势，特别是间接能源碳排放的迅速增加，凸显了消费模式对碳排放的重要影响。研究还表明，不同国家、地区以及城乡之间的消费碳排放存在显著差异，这既与经济发展水平相关，也与居民消费习惯密切相关。其次，核算方法的研究为准确测量消费碳排放提供了多种途径。投入产出法、生命周期评估法以及消费者生活方式法等方法的运用，不仅丰富了研究手段，也提高了研究的准确性。特别地，投入产出法作为一种宏观分析工具，能够全面反映经济系统中各部门之间的内在联系，为政策制定提供了有力支持；地区差异研究揭示了消费碳排放的空间分布特征以及不同区域间碳排放的相互影响。这些研究有助于理解区域间碳排放的不平衡性，为制定区域协调发展政策提供了科学依据；在影响因素分析方面，研究从经济、社会、人口和环境等多个角度探讨了消费碳排放的驱动因素，为制定有效的减排措施提供了理论支持。特别是收入水平、人口规模、消费结构等因素对消费碳排放的影响，为制定针对性减排政策提供了重要参考。最后，环境规制对碳排放的影响研究揭示了政策干预在碳减排中的重要作用。尽管不同类型的环境规制对碳排放的影响存在差异，但总体而言，合理的环境规制措施有助于推动碳减排目标的实现。

综上所述，消费碳排放研究已经取得了丰富的成果，为深入理解消费碳排放现象提供了重要支持。未来研究应进一步关注消费模式的转变、新能源技术的发展以及政策干预的有效性等方面，为应对全球气候变化贡献更多智慧和力量。

2.3.3.2　环境规制的相关研究

随着国家经济的迅猛增长，环境问题越发凸显，减污降碳成为确保国家持续健康发展和生态安全的关键措施。环境规制作为一种有效的减排手段，受到学术界的广泛关注。

一方面，环境规制的含义和分类体现了学术界对其理解的深化。从最初的政府与企业二元关系发展到涵盖政府、企业和公众的三元互动，环境规制的研究范围逐渐扩大。正式和非正式，命令控制型、市场激励型和公众参与型，自愿性和非自愿性等分类方法，不仅揭示了环境规制的多样性，也凸显了不同规制手段在解决环境问题中的重要作用。这些分类不仅有助于我们理解环境规制的复杂性，也为政策制定提供了多元化的选择。

另一方面，由于环境规制本身的难以量化特性，学者采用了多种方法进行度量，包括单一指标、综合赋值或复合指标以及替代指标等。这些方法各有优劣，但都试图从不同角度全面反映环境规制的强度和效果。然而，缺乏统一标准使得环境规制的度量存在难度，这也反映了环境规制研究的挑战性和未来研究方向。

综上所述，环境规制研究在含义、分类和测算方法等方面取得了显著进展，但也面临着诸多挑战。未来研究需要进一步完善环境规制的理论体系，深化对其作用机制的理解，同时探索更加科学、客观的环境规制度量方法。此外，随着全球环境问题日益严重，跨国界的环境规制合作也成为未来研究的重要方向。通过综合多学科的理论和方法，能够为环境规制提供更加全面、深入的见解，为环境保护事业贡献智慧和力量。

第3章 云南省家庭间接消费现状

碳排放及全球变暖问题严重制约人类社会可持续发展，随着生活水平的不断提升，居民家庭消费已经超过工业部门一跃成为碳排放的重点领域，要想实现"3060"双碳战略需要以居民家庭消费为突破口，促进家庭消费低碳转型。居民家庭消费包括食品、衣着、居住、家庭设备用品、医疗保健、文教娱乐、交通通信、其他八大类，涉及种类多涵盖范围广。居民家庭消费受人口、经济、技术等多重因素影响，在分布和消费结构等方面呈现较大异质性，下面将分别从八大类生活消费分别进行阐述。

3.1 云南省居民食品消费情况

食物作为人们赖以生存的基础和保障，由居民食物消费所引起的能源消费约站全球能源消费的 30%，对全球二氧化碳量增长有着显著影响（张丽娜等，2021）。以往关于碳排放的研究大多聚焦于直接能源方面，却忽略了居民生活消费所造成的碳排放，尤其是与人们生存紧密相关的食物碳排放。随着经济社会发展，人民生活水平不断改善，居民膳食质量得以提高，对食物的要求已经从满足温饱过渡到健康营养，蛋奶肉类等高碳排放食品消费增多，同时与食物相关的各项活动也会产生相应的消耗量

（庞梦伊，2023）。因此，应高度重视食物消费过程中产生的碳排放问题，并采取相应措施减少食物碳排放量。下面将主要介绍云南省居民食品消费情况：

食品消费主要包括粮食、肉类、蔬菜、水果、蛋类、奶制品类等。其中，粮食消费占比最大，其次是肉类和蔬菜。随着生活水平的提高，居民对水果、水产品、蛋类、奶类等食品的消费在逐步增加。相对而言，云南省居民食品消费受地域、气候等因素影响较大，具有明显的地方特色。例如，云南省居民普遍喜欢食用辣味、鲜嫩、口感丰富的食品，如米线、饵块等，同时云南省当地的特色食材如野生菌、鲜花、普洱茶等也受到居民普遍欢迎。云南省凭借其自然环境优势，厚植云南省高原特色农业发展取得明显成效，成为全国蔬菜供给基地，同时云南省紧抓全面推进乡村振兴重点工作全面实施，打造"一县一业""一村一品"，促进农村一二三产业融合发展，部分食材基本可以实现省内供给。尤其是云南省农村家庭依靠农作物种植与畜牧业养殖基本就可以满足家庭日常生活需求。在乡村振兴和农业农村现代化发展等相关政策的推动下，农村居民生活水平不断提升，注重食品营养均衡发展，在食品方面的消费量也开始逐步提升。居民家庭食品消费结构与家庭福祉直接挂钩，对提高农村人力资本和社会福祉具有重要意义，虽然与城镇居民收入仍有较大差距，但整体生活质量明显提高，食品消费结构也相应发生了明显变化，城乡之间的收入差距也在不断缩短。

云南省乡村居民食品消费结构主要包括粮食、肉类、蔬菜、水果、家禽蛋类等以及当地特色的土特产和农副产品。受地域等因素影响，不同地区的消费产品可能有所差异。例如，部分乡村居民都拥有自家农耕地，掌握种植和养殖的生产方式，因此食品消费也多源于自家生产或者当地农产品市场。在食品消费方面，由于购买渠道和基础设施并没有城镇健全和完善，可以选择的购买渠道有所限制，但农村居民更贴近农作物种植和牲畜养殖基地，因此，乡村居民更倾向于购买当地生产的绿色、有机农产品，对于农村土特产以及传统食材的消费也比较旺盛。随着全面小康社会的建成和乡村振兴政策的推动，乡村居民在能够更便捷地获取食用食品的同时也对其提出了更高的要求，以往乡村居民更加关注食品满足日常生活需求，而生活水平的提高也带动着乡村居民健康意识的提升，部分乡村居民开始更加关注食品的健康和营养价值，越来越多人开始关注有机农产品。总的来说，乡村居民的食品消费受到地域、经济水平、生产方式等多方面的影响，整体食品消费水平相对较低，但随着健康意识的提升和经济水平的改善，乡村居民对绿色、有机食品的消费需求也在逐渐增加。未来，随着农村经济的发展和城乡一体化进程的加快，乡村居民的食品消费也将呈现出多元化和健康化的趋势。

食品消费在城乡之间存在显著异质性，城镇化的快速发展间接促进了区域经济发展和人民生活水平的提高，转变了人们的消费机构和饮食习惯倾向。究其原因：一是城镇人口就业比重高，家庭平均收入远高于部分农村家庭，更注重于追求高质量的生活方式；二是城市基础设施完善，信息化设施以及智能化服务健全，城镇居民可选择性相对更多；三是城镇居民大多没有农耕用地满足日常食品的供给，在食物方面的消费量较高。随着城镇居民收入的不断增加，他们对食品的消费需求也在不断增加，除了一些日常食品消费，对高质量、绿色、有机食品的消费需求也逐渐增加，但是居民高质量食品的需求能够在省内得到满足，因为云南省自然资源丰富，气候条件较好是全国重要的"南菜北运""西菜东调"优质基地和西南地区最大的蔬菜出口基地，在全国蔬菜供给中都充当着举足轻重的作用，并且一直致力于搭载绿色化、标准化和品牌化的食品，因此云南省城镇居民对当地的特色食品有着较强的消费需求，既符合云南居民的口感又满足安全健康的标准，这类高质量食品虽然安全性和养分价值高，品质也更加新鲜、有机、天然，但价格会稍高于普通食品价格，所以城镇居民在食品方面的消费量与农村居民仍有较大差距，食品消费支出也会不断上升。除了食品种类的选择，云南城镇由于基础设施完善、信息化水平较高，居民可以选择购买食品的渠道更多，享受服务也更加便捷。尤其是近年来在互联网的带动下，大多数商品采取线上线下营销方式，许多城镇居民更加倾向于通过线上商城进行食品采购。未来在国民经济发展的带动之下，云南城镇居民收入有很大上升空间，追求高质量生活的倾向仍会持续提升，呈现出消费水平高、对绿色、有机食品需求增加、健康营养意识提升等特点。并且随着城镇居民收入水平的继续提升以及消费观念的改变，未来城镇居民食品消费将会更加注重品质和健康。

综上所述，随着我国社会主要矛盾转变为人民日益增长的美好生活需要和不平衡不充分发展之间的矛盾，使人们更加关注食品的健康与安全问题，云南省政府高度重视食品安全和居民营养健康问题，不断加强食品安全监管，提高食品质量安全水平。同时，还开展了营养健康教育，推广科学合理的膳食结构，提高居民营养健康素养。近年来，云南省食品价格波动较大，受国际、国内市场供需关系、气候变化、政策等因素影响。政府通过采取措施稳定食品价格，保障民生需求。居民对食品消费的需求也日益多样化，绿色、健康、营养的食品受到越来越多居民的青睐。同时，电商平台的兴起也为居民购买各类食品提供了更多选择和便利。居民食品消费是一个动态变化的过程，随着经济发展和城镇化进程的加快，原本农村居民逐渐向城镇流动，想要谋求更好的生活环境和就业机会。农村人口流动带动着城市人口增加，改变了居民生活消费方式，提升整体食品消费水平。在未来，随着经济发展和消费观念的转变，云南省居民食品消费将更加注重品质和健康。

3.2 云南省居民衣着消费情况

自改革开放以来，我国经济和社会生活发生了翻天覆地的变化，人民生活水平呈现"火箭式"上升趋势，变化体现在衣、食、住、行、用等各个方面（王慧敏，2019）。衣着服饰的变化最为直观具体，不但展现了个体服饰的转变，也侧面体现了思想和文明的发展。自党的十八大以来，云南省居民各大消费都呈现快速增长趋势，其中衣着类增长率为5.1%，城镇衣着类增长率、明显高于乡村衣着类增长率，表明在衣着方面城乡存在较大差距。这类差距体现在对衣着方面的消费水平、消费结构、购买渠道以及对环保和可持续性的要求等方面。下面将分别从以上角度对居民衣着类消费情况进行分析。

随着云南省城镇居民收入水平的提高，在衣着方面的消费呈现出以下特点：一是在消费水平方面，居民收入的提高，导致居民更加追求高质量的生活方式和需求，对时尚、品质衣着服饰消费的需求也在逐渐增加。二是在消费结构方面，城镇居民的衣着消费主要包括服装、鞋帽、配饰等，作为生活的必需品，其"保暖、遮体"等基本功能早已满足不了人们的要求，而是更加注重日常搭配和品质，衣着消费呈现出多样化的特点，对衣着的需求也越来越注重个性化和多样化，更倾向于购买款式新颖、颜色多样的衣着产品。同时品牌和质量也是生活水平较高的居民关注点（李剑，2010）。三是购买渠道，城镇相对于乡村而言，基础设施完善，购物商场多且便捷，尤其是在信息化快速发展的时代，电商平台迅速占领市场，对交通网络提出更高的要求，成为拉大城乡差距的另一条战线。尤其是随着电子商务行业兴起，越来越多的居民通过网购渠道购买衣着，消费习惯逐渐向线上转移，越来越多的城镇居民选择通过互联网购买衣着产品，这也带动了线上衣着消费的增长。四是环保与可持续，云南作为我国生态文明建设的重点示范基地，对于环境要求相对更高，良好的环境也提升了生活质量。所以越来越多居民关注环保理念并贯彻到日常生活的方方面面，城镇居民相对而言更注重环保与可持续发展理论，关注衣着的环保与可持续性，对有机棉、环保面料等产品的消费需求量上升。总体来看，云南作为一个拥有多文化地域特色的省份，当地传统服饰和手工艺品也深受到居民的喜爱和消费。多数城镇居民会购买相应的民族服饰去参加各地的节日庆典，拍写真留念等。城镇居民的衣着消费呈现出增长、多样化、品牌化和线上化的趋势。随着云南省经济的持续发展和居民收入水平的提高，衣着消费将继续保持增长的态势。未来，随着生活水平和消费观念的提高，居民对衣着消费的品质、环保、创新设计等方面的需求将会进一步增加。

近年来，在乡村振兴以及西部大开发政策的推进下，西部居民生活水平有明显提升，云南省乡村居民对生活需求提出更高质量的要求，但是更侧重于饮食卫生和安全营养方面，以及住宿和教育，由于农村居民的消费观念和消费意识不尽一致，导致其消费选择往往差别很大，对穿着的注重相较于其余消费而言较少，与城镇居民在此方面的消费依旧较低，所以说乡村居民在衣着方面的消费总体上较为节制（唐平，1993）。相比于追求时尚和品牌的服饰，他们往往更倾向于购买耐穿、易打理的衣着，注重衣着的实用性。同时云南村落多拥有独特的民族服饰，一些居民更多地使用传统的服饰，如民族服装或者自制的衣物，而不是追求时尚流行的国际品牌。在基础设施和消费倾向的局限下，乡村居民更多选择在当地的市场、小店购物，较少使用互联网购买衣着。因此衣着消费区域发展存在极其不均衡性，但随着乡村居民生活水平的不断提升，对高质量的需求也逐步渗透到衣着领域，转变居民的衣着消费观念和消费选择化，从关注御寒保暖过渡到款式和色彩协调，服装行业产品适应农村市场需要，既是社会物质和文化生活发展的要求，又是提高服装企业经济效益的要求。

总的来说，云南省乡村居民的衣着消费相对更注重实用性和耐穿性，对时尚和品牌的追求相对较低，城镇居民更注重服饰多样化发展。在经济和文化的推动下人们对于高质量物质需求提高，居民的衣着消费也会随之发生改变。

3.3 云南省居民居住消费情况

居民消费是扩大内需，带动相关产业发展的重要环节，现阶段我国居民对家庭住房需求从"有居"转向"宜居"，居住支出在所占比重日益增长（卢彬彬和高雪彤，2023），因为住房问题既是民生问题又是发展问题，关系经济社会的全局性发展。党中央一直高度重视居民住房问题，力求能够让居民在满足有居所的同时住的更舒适（陈多长等，2023）。因此，居民居住问题一直受到社会的广泛关注。随着近年来城市化的发展，人口结构调整等都引申出新的居住需求，我国城镇居民家庭住房需求开始从"有居"转向"宜居"，农村也从之前的砖瓦土地房转变为更美观大方的楼房，从侧面展现出无论是城镇还是乡村，居民的居住水平都有所提升。根据统计数据对云南省居民居住消费情况从支出、生活用品和家居装饰等方面进行分析，发现云南省居民在住房方面的支出占据了相对较大的比例。随着城市化进程的加快，城市居民的房租支出比例逐渐增加的同时，乡村居民的住房维修和改造支出也在不断上升。生活用品和家居装饰方面的消费也较为显著。总的来说，随着云南省经济的发展和居民生活水平的提高，居民在居住方面的消费支出在不断提高，尤其是在住房、家居装饰等方面的支出最为明显。同时，城市居民和乡村居民在居住消费方面的特点也有所不同，需要因地制宜地进行消费政策和服务方面的规划。下面将对居民居住消费情况进一步分析。

随着小康社会全面建成，我国城镇居民的居住条件有了质的提高。经济发展使得城镇对居住条件不止停留于舒适，而是追求更高质量的居民环境及条件。同时党的十九大报告也相继提出要坚持在发展中保障和改善民生，促进共同富裕。在此背景下，顺应人民群众对美好生活的向往，努力为人民创造更美好、更幸福的居住条件更符合民生福祉。在经济发展的推进下，城镇化快速发展，导致人口往城镇聚集，城镇居住环境面临空前紧张的局势，对住房的需求量增多，对住房的关注从原本的性价比和实用性转向小区绿化环境、交通便利程度以及舒适程度等。云南省城镇居民居住消费情况主要包括房屋租金与维修、水电费、家具家电、日常物品和服务、装修维护等方面的支出。房屋租金和维修占城镇居民居住消费的大部分，随着城市化的进程和房地产市场的发展，租金支出在城镇居民居住消费中占据较大比重，同时水电费用也是城镇居民生活中不可忽视的支出。

家具家电的支出在城镇居民居住消费的比重也在不断上升，随着生活水平的提高，城镇居民越来越注重居住环境和居住条件，使购置家具家电成为了城镇居民消费的重要方面。日常物品和服务的支出包括食品、衣物、日用品和各类服务，这些支出虽然零碎但是总的比重不可忽视。装修维护也是城镇居民居住消费的一部分，尤其在城市的房屋老化和需要进行装修改造的时候，装修维护成为了一笔较大的支出。总的来看，随着城镇居民收入水平的提高和生活水平的提升，城镇居民的居住消费有望逐步增加。同时，政府也出台了一系列促进居民居住条件改善和生活质量提高的政策方针，以满足城镇居民对于更加舒适居住环境的需求。

乡村居民在居民层面的消费支出与城镇较为相似，也涵盖水电费用、家具家电、日常生活用品和装修维护等方面的支出。但是乡村居民一般拥有自建房，几乎不需要在房屋租赁方面另付额外的租金，仅有一些处于城乡接合部的乡村，因地理优势，靠近市区较近交通方便，同时房屋租赁价格相较于市区较便宜，所以部分外出务工或者上学的家庭会选择在此处进行租赁。随着农村人口大规模流向城镇，城镇化比重上升的同时，使农村建设用地的面积逐渐上升，空心化严重。城镇繁华的同时乡村也在经历落寞，大部分村民选择外出务工，留老人驻守村落，所以乡村在居住水电费用方面的支出明显处于较低水平。但是外出务工的年轻人随着收入的提高，对舒适居住生活的需求也在增加，倾向于建设乡村别墅，对住房设计以及装饰提出了更高水平的要求，因此装修以及购买家具家电等设备成为乡村居民在居住方面投入的重要方面。乡村房屋老化严重或者需要进行装修改造的时候，装修维护成为了一笔较大的支出。总的来看，随着乡村居民收入水平的提高和对居住条件要求的增加，乡村居民居住消费有望逐步增加。同时，政府也出台了一系列扶持政策，以促进乡村居民住房条件的改善和生活水平的提高。

综上所述，云南省居民居住消费总体呈现出稳步增长的态势，城乡居民的消费水平均有明显提升，消费结构逐渐优化。这得益于自党的十八大以来，云南省委、省政府坚持以习近平新时代中国特色社会主义思想为指导，深入贯彻习近平总书记系列重要讲话和考察云南重要讲话精神，推动云南经济社会实现历史性、高质量、跨越式发展，居民收入持续较快增长，从而带动了居民消费支出较快增长。未来，云南省将继续加大居民消费结构调整力度，提高居民生活质量，推动消费升级。

3.4　云南省居民家庭设备用品消费情况

家庭设备用品是每个家庭必备的，涉及生活的方方面面，涵盖衣食住行等，而且随着科技水平和生活水平的不断提升，家庭设备也从原来的手工操作变得越来越智能化、便捷化。在家庭设备用品方面，乡村和城镇之间还是存在较大的差距，城镇家庭由于基础设施较好，倾向于享受型，所以设备更偏向于信息化和智能化，而目前乡村人口大量流入城镇，导致在乡村居住的人口以老人居多，对现代化新事物的接受能力较弱，所以智能设备相对较少。云南省居民家庭设备用品消费情况主要涵盖以下方面：一是家用电器，随着生活水平的提高，家庭对于各种家电如电视机、冰箱、洗衣机、空调等的需求量不断增加，以提高生活幸福指数。二是通信设备，随着科技的发展和智能化生活的需求，手机、电脑等通信设备的消费情况增加。三是厨房用具，厨房用具是家庭生活中必不可少的一部分，如炊具、餐具、厨房电器等，家庭对于厨房用具的需求也比较稳定。四是家具装饰品，随着生活品质的提高，家庭对于家具和装饰品包括家具、家居装饰品、地毯、窗帘等的消费情况需求上升。五是其他家庭设备用品，包括床上用品、卫浴用品、清洁用品等。这些用品对于家庭生活也是不可或缺的一部分，消费情况也较为稳定。总的来看，随着云南省经济的发展和居民生活水平的提高，家庭设备用品的消费总体呈现逐步增加的趋势。而政府也在出台相应政策，以鼓励居民增加对家庭设备用品的消费。下面将对云南省家庭设备食用情况进行具体分析。

云南省城镇居民家庭设备用品消费情况显示，随着城镇居民生活水平的提高，他们在设备用品上的消费也有所增加。一是在家用电器方面，经济水平的提高使家庭户均电器保有量大幅度增加，技术的更新升级使家用电器更加贴合人们的日常需求。近年来，云南洗衣机、冰箱以及热水器等家用设备年均增长量各自达到了 4%、7% 和 4%，是城镇居民家庭设备用品消费的主要项目之一。二是在信息化设备方面，消费额增长较快。信息化发展使现代化通信工具走入居民家庭，由台式电话过渡到移动电话，使沟通联系更加紧密。互联网进入居民家庭，使计算机、中高档乐器和健身器材等高端智能消费品拥有量加速增长，线上购物成为常态，反映了城镇居民在信息科技方面的需求不断增加。

在过去的几年里，云南省农村经济的发展和农民收入的提高，乡村居民家庭设备用品消费也在逐渐增长，增长原因主要是涵盖以下几个方面：一是政策支持。云南省政府重视农村经济发展，实施一系列政策支持农业、农村基础设施建设，提高农民收入水平。这使得乡村居民具备更高的消费能力。二是农村基础设施改善。随着农村基础设施的改善，包括交通、水电、通信等方面的完善，乡村居民的日常生活得到了更好的保障，也为家庭设备用品消费提供了条件。三是消费观念转变。随着农村居民生活水平的提高，消费观念逐渐转变，对家庭设备用品的需求逐渐增加，以提高生活品质。四是农村电商发展。近年来，云南省农村电商蓬勃发展，为乡村居民购买家庭设备用品提供了便捷的渠道，降低了消费成本。五是特色产业发展。云南省乡村特色产业发展迅速，如生态农业、乡村旅游、特色手工艺等，为乡村居民创造了更多就业机会，提高了收入水平。

综上所述，云南省居民家庭设备用品消费情况呈现出稳步增长的态势。随着收入的增加和消费观念的转变，乡村居民对家庭设备用品的消费需求将不断释放。城镇居民对家庭设备用品也会提出更高的需求，对应的消费量也会不断增加，居民生活水平的提高和消费观念的变化。

3.5　云南省居民医疗保健消费情况

近年来，随着人们对于健康的关注度提高，健康消费意识也在逐步增强，国家统计局发布的《2023 年上半年居民收入和消费支出情况》显示，在过去的一年内我国居民人均医保消费支出达 1219 元，增长率高达 17.1%，由此可以看出居民在医疗保健方面的支出在居民总消费中的比重不断上升，应该引起广泛关注（荆文娜，2023）。我国西部地区生活水平低于东部区域，导致西部大量劳动力流向东部地区，所以人口老龄化程度明显高于全国平均水平，因此老年人口的医疗保健服务问题成为当前西部地区亟待解决的重要民生问题之一，老年群体与青年群体相比体质相对较弱，所以在医疗保健方面的消费相对较高（童明，2023）。研究居民在医疗保健方面的支出情况，对完善医疗保健体系建设具有重要意义。随着经济发展和居民收入水平的提高，云南省居民医疗保健消费情况呈现持续增长的趋势。近几年云南省居民人均医疗保健消费支出达到了约 2800 元，同比增长了约 10% 以上。其中，医疗服务费用是居民医疗保健消费的主要支出项，占据了总消费支出的大部分。此外，药品费用、保健用品费用、医疗器械费用等也占据一定比例。在医疗保健消费结构上，随着人们健康意识的提高，云南省居民更加注重预防保健和健康管理，保健用品费用和健康管理服务费用占据了较大比重。总体来看，云南省居民医疗保健消费呈现出多样化和个性化的特点，消费结构逐渐趋向健康、科学和智能化。随着医疗保健水平的不断提高和医疗技术的不断发展，预计居民医疗保健消费将继续保持增长的态势。

我国城镇与农村居民在医疗保健层面的消费一直存在较大的差异，城乡间收入水平的差异是主要原因，这也间接影响城乡居民医疗保健的消费水平，因为居民在医疗保健方面的消费能够反映出国家的医疗保障水平和居民健康情况，能够为医疗保健以后的发展指明方向，也是民生福祉的体现方式。为了进一步提高居民所享受的医疗保健水平，《"健康中国2030"规划纲要》指出要重点关注城乡居民的医疗保健方面的消费倾向，推进城乡协调发展。为了进一步了解城乡居民的医疗保健状况，对云南省城镇居民医疗保健消费情况进一步分析，结果显示云南省城镇居民更加注重健康问题，在医疗保健和健康体检消费较多，2012~2021年云南省城镇居民家庭人均医疗保健消费支出同比增长了约10%，医疗服务费用是主要支出项。随着医疗保健水平的不断提高和医疗技术的不断发展，预计城镇居民医疗保健消费将继续保持增长的态势，虽然在此方面的支出依旧远高于乡村居民，但是增长较为缓慢，从消费结构来看，城镇居民在医疗保健方面的消费甚至有饱和趋势，未来可以往满足居民对于医疗保健更高水平的需求发展，例如从以疾病治疗为中心转向以健康为中心，并将其作为城镇居民消费升级的主要方向（柯灵儿，2023）。

居民收入水平的提高不仅缩短了城乡差距还提高了居民对于医疗健康的意识，间接带动了相关医疗保健消费水平的增长。自2012年以来，乡村居民在医疗保健方面的支出呈现逐年增长的趋势，与城镇居民在医疗保健方面的消费差距在缩小，这与自党的十八大以来颁布的相关政策有关，在相关政策的助推下，乡村医疗的基础设施不断完善、医疗资源利用效率也在不断提高。同时随着农村劳动力流入城镇，农村剩余老龄化人口人数多，在政策和现实情况的双重推动下，乡村居民在医疗保健方面的支出水平显著提升，应当受到广泛关注。云南省乡村居民医疗保健消费也处于不断增长的趋势，随着农村地区医疗保障体系的不断完善，乡村居民的医疗保健需求得到更好的满足。近年来，乡村居民健康意识的提高，居民对于保健品和健康管理服务的需求也在逐渐增加。总体来看，云南省乡村居民医疗保健消费结构逐渐趋向健康、科学和智能化。随着医疗保健水平的不断提高和医疗技术的不断发展，预计乡村居民医疗保健消费将继续保持增长的态势，而且增长速度明显高于居民收入增长的速度。

总的来说，云南省居民医疗保健消费情况不断改善、医疗保障体系逐步完善，为广大参保人提供了更加便捷、高效的医疗服务。随着政策的调整和医疗资源的优化，居民的健康需求将得到更好的满足。然而，具体的消费情况仍需根据个人收入、医疗保险待遇、医疗费用等因素综合考虑。在享受医疗保障的同时，居民也应注重健康预防，提高自我保健意识，降低医疗消费。

3.6　云南省居民文教娱乐消费情况

我国居民人均生活消费量呈现逐年上升趋势，增长率超过了 17.4%，其中居民在文教娱乐方面的消费占据举足轻重的地位，增长率达到了 68.5%，远高于其余类型的消费水平，也从侧面反映出文教娱乐已经成为居民生活消费的新引擎。在居民收入不断提高且日趋稳定的情况下，人们需求不再只停留在基本的生存型而是转向于享受型消费，注重在教育、文化、娱乐方面的投资和消费。一方面，因为社会越来越注重学历和教育，以至于引起家长和社会对于教育的重视度，开始在此方面进行投资，比如报相应辅导班和机构，而这类消费水平往往较大、支出较高。另一方面，受一些公共卫生事件影响，居民消费理念发生相应转变，开始由先前的节俭型向享受型转变，并发出"世界那么大，我想去看看"的倡导，带动国内外旅游行业的快速增长。教育文娱类消费在人均消费榜上的优异表现，为拉动内需，推动消费市场良性发展点燃了新引擎，增加了内生动力。同时，教育文化娱乐等行业蓬勃发展将对消费形成有力的支撑，其强大的产业链拉动效应，也有望成为供给侧改革的"点金手"。云南省居民文教娱乐消费呈现出以下特点：一是随着经济发展和居民收入水平的提高，居民对文教娱乐的需求逐渐增加。二是云南省在文化、教育、娱乐等领域投入不断加大，提供了更多的消费选择，满足了居民多样化的消费需求。三是居民文教娱乐消费结构逐渐优化，从传统的娱乐方式逐渐转向文化、教育、休闲等更高品质的消费。四是数字技术和互联网的普及，为云南省居民提供了更加便捷的文教娱乐消费途径，如在线教育、网络娱乐等。五是政府对文化、教育、娱乐产业的扶持政策，进一步激发了市场活力，推动了居民文教娱乐消费的增长。综上所述，云南省居民文教娱乐消费情况总体呈现出稳定增长的态势。随着经济社会的持续发展，以及人们对美好生活的追求，预计未来云南省居民文教娱乐消费将继续保持增长的势头。下面将分别从文教娱乐方面的消费情况进行分析。

居民消费重心逐渐向教育文化娱乐方面倾斜，尤其是城镇居民收入较高且有稳定假期，使他们对生活水平提出了更高的需求，一方面城镇基础设施良好，具备电影院、游乐园等娱乐场所，为城镇居民创造条件去发展享受类型的消费；另一方面城镇学校教育水平较高，对学生也提出更高的要求，无论是家长还是学校注重学生全面发展，舞蹈、思维、语言类的培训机构林立，使城镇居民在此方面的消费意愿上升。同时城镇居民具备时间和金钱去享受高品质的旅游，在此过程中提高了内需动力，而且城镇居民学历水平普遍较高，对自身也提出高质量的需求，为了满足这些需求，城镇居民更愿意花费相应的精力去满足。云南省城镇居民的文教娱乐消费支出近年来逐渐增加。2021 年，云南省城镇居民人均文教娱乐消费支出达 1622 元，同比增长约 14% 以上，随着城市化水平不断提高以及扩大内需政策的推动，这一比例仍会不断上升，而且文教娱乐活动也向多元化、个性化趋势发展，例如展览、电影院、音乐会等。此外，运动健身、休闲旅游等消费也在增长。总体来说，城镇居民对文教娱乐消费的需求呈现出多样化和个性化，消费规模逐渐扩大，消费结构更加丰富。可以预见，随着城镇居民收入水平提高和生活品质的提升，文教娱乐消费将继续保持增长的趋势。

乡村居民与城镇居民在文教娱乐方面消费差距相对于其余消费类型而言最大，一方面，由于文教娱乐属于享受型高消费支出，但乡村尚未具备完善的基础设施，为乡村居民提供相应的场所去发展在此方面的消费。另一方面，乡村居民收入在不断增加，但收入大多依靠体力劳动，没有稳定节假日去旅游，更多是将消费投入到生存型方面，提升生存型消费的档次。乡村居民受教育水平相对较低且比较淳朴，不易转变他们原本的生活习惯去发展享受型消费。但乡村居民在文教娱乐方面的消费仍呈上升趋势，因为随着"00后""90后"新一代消费群体的增长，"时尚消费""品牌消费""高质量消费"等新需求都会进一步拉升教育文化娱乐的支出成本，推动相关消费为经济增长做出更大贡献。随着国家对乡村地区的扶持政策和乡村经济发展水平的提高，乡村居民对文化、教育和娱乐的需求也逐渐凸显。以下是云南省乡村居民文教娱乐消费的一些具体情况：一是文化消费。云南省乡村居民的文化消费主要包括有线电视、网络宽带、图书、文艺演出等。近年来，乡村地区文化设施逐步完善，文化消费需求逐渐增长。村民通过看电视、网络直播等方式，了解时事、娱乐生活，丰富了精神文化。二是教育消费。乡村居民对教育的需求不断加大，特别是在义务教育阶段。随着教育资源的均衡发展，乡村地区的教学质量得到提升，家长更加重视孩子的教育投入。除学费、教材费等直接费用外，课外辅导班、兴趣班等教育消费也逐渐增多。三是娱乐消费。乡村居民的娱乐消费主要包括乡村旅游、农家乐、看电影、KTV唱歌等。随着乡村居民收入水平的提高，村民越来越注重休闲娱乐，乡村旅游、农家乐等乡村特色娱乐项目受到欢迎。总体来说，云南省乡村居民文教娱乐消费呈现出多样化、个性化的特点。在未来，随着乡村振兴战略的实施，农村地区文教娱乐产业将得到进一步发展，为乡村居民提供更多优质的文化服务。

3.7　云南省居民交通通信消费情况

云南省作为西部重要省份承担着面向南亚和东南亚辐射中心的任务，这是习近平总书记对新时代云南发展所提出的要求。云南省为了完成此目标，相继采取了各种措施促发展，例如，颁布相应政策，为搭建辐射中心的"四梁八柱"提供理论依据；推进交通网络基础设施建设，形成全局网络覆盖西部和东南亚等重点城市，同时加强贸易畅通与资金交流，云南凭借自身良好的自然资源和环境状况，吸引大批量游客和促进云南蔬菜瓜果贸易出口，带动当地农户的经济发展。

交通运输业是支撑国民经济发展的重要行业，也是能源消耗和碳排放量增速最快的行业之一，在"3060"双碳战略背景下推进交通强国的建设需要优化产业结构，促进交通行业绿色低碳、协调发展（丁利杰和朱泳丽，2023）。但我国各区域交通运输情况迥异，发展不平衡是长期阻碍西部地区交通发展的问题，在西部大开发和"一带一路"倡议的引领下，西部居民收入水平上升空间大，间接促进家庭汽车保有量增加。同时西部陆海新通道、兰新高铁、中欧班列等道路相继开通为西部交通发展按下了"快进键"。云南省在西部地区交通运输网络中担任重要枢纽，承担着辐射东南亚和南亚的作用。同时云南由于自身资源优势，是全国重要的"南菜北运""西菜东调"优质基地和西南最大的蔬菜出口基地，在全国蔬菜供给中处于重要地位，蔬菜运输对于交通运输系统和效率提出了更高的要求，因此推进云南省综合交通枢纽建设对于促进"云菜"运输、提高居民出行的便利程度、促进社会高质量发展具有重要支撑作用。虽然云南省综合交通枢纽发展取得了一定的发展，但是与东部发达地区仍有一些差距。

云南省在 2015 年实施"云上云"行动计划后，信息也蓬勃发展，2016~2020 年，信息化产业从 826 亿元增长至 1703 亿元，增长率达到了20%以上，带动了云南省信息化产业发展，在各个区域形成了信息产业化集聚效应，在一定程度上促进了经济发展。同时，在云南为了进一步夯实信息化基础产业的发展开始组建大数据研究院，研发新技术并培养相应人才，"十三五"时期已经形成部分具有竞争能力的产业。并在全省搭建了信息通信的基础设备，全省固定宽带实现 100%覆盖，城镇地区和行政村宽带接入能力分别达 500 兆比特/秒、200 兆比特/秒，出省光缆共 27 条，省际互联网带宽能力达到 22T。全省 4G 网络行政村覆盖率达 100%，建成

5G 基站 1.9 万个。云南还用于国际通信端口能够与南亚、东南亚等国家进行通信联络。下面具体介绍一些云南省居民在交通和通信这两个方面的消费和支出情况：

从交通设备来看，随着交通网络体系的逐步完善和居民收入水平的提高，家庭汽车保有量逐年上升，从 2013 年每百户 19 辆增长至 2021 年 46 辆，增长率达到了 12% 左右，并且云南作为内外沟通的"桥梁"，处于"一带一路"建设和南亚、东南亚的结合处，地理区位优渥，省内致力于将云南打造成我国面向东南亚和南亚的辐射中心，促进经济文化交流。因此云南省内交通体系网络日益完善，政府部门又相继颁布云南省加快建设交通强省五年行动方案（2023~2027 年），加快推进交通强国建设战略决策在云南落地实施，力争于 2027 年实现"1233 出行交通圈""113 快货物流圈"加快建成，初步实现全省交通高质量发展，并在此过程中带动乡村振兴和城镇化快速发展。一方面云南省作为著名的旅游城市，交通体系的日益完善会带动物流和旅游人数的增多，促进省内经济发展；另一方面云南省地势多样化，阳光充足，乡村种植业种类多、面积广成为农村收入的主要来源之一，交通物流网络的快速发展带动村民脱贫致富，家家户户从农用机械到出行汽车数量都有明显增多现象。同时城镇化相较于农村而言，除了汽车保有量上升之外，出行、购物也变得更加便捷，享受型消费更加普遍，以上均反映了云南省居民交通、通信消费水平的提高和生活质量的改善。但是城镇居民与乡村居民在此方面的消费依旧存在较大差异性，下文将分别对此进行分析。

城镇化是促进我国经济高速发展以及经济转型的重要支撑，统计数据显示，2021 年我国城镇化率已经高达 64.7%，间接转变了居民生活和生产方式以及社会经济结构、城市结构布局，随着城镇人口的增多和生活水平的提升（赵一言，2023），人均汽车保有量以及对交通运输需求的总量也在快速增长，且城市建成区面积的大幅扩张导致城镇居民出行距离的加大，由此导致交通运输业能耗的大量增长，城市交通压力将会变大（田泽等，2023）。一般而言，城市交通网络便捷，涵盖地铁、公交、大巴、共享、出租等，大部分上班群体会更倾向于公共交通工具出行，这样可以避免交通拥堵的现象，也从一方面显示交通支出是居民日常支出的一部分。但是城市居民收入水平高且交通系统发达，街道两旁的私家车数量依旧很多，周末城镇居民会选择开私家车休闲出行。同时，随着低碳观念的倡导，多数居民开始注重日常生活方式向低碳转变，选择步行、骑行或者路边共享单车出行，但是随着经济发展和科技进步，城镇居民对交通通信的需求不断增加，消费规模也在不断扩大，尤其是移动互联网的使用越来越普遍，使物流快递和外卖显著增多，为了满足城镇居民多样化的生活需求，对交通出行的需求和消费也在不断增加，这也间接导致城市交通拥堵问题日益突出。在通信消费方面，由于城镇基础设施完善，信息化覆盖率普遍高，宽带消费成为城镇居民在通信方面的主要支出款项。总的来说，云南省城镇居民的交通通信消费呈现稳步增长的趋势，这也反映了城镇居民生活水平的提高和消费观念的不断更新。

交通运输是国民经济发展的重要服务行业，因此要着重提升交通服务的质量和层次以满足人们不断提升的对于高质量交通的需求，增强人民的幸福感，使交通真正成为实现共同富裕的"先行官"，所以说交通对于人民生活而言是必不可少的。尤其是对于处于山区的乡村，要想谋发展，必须交通先行，打通原先由于道路限制而使乡村与世隔绝的状态。农村公路不仅是关乎当地经济发展的"大交通"，更是关系农民幸福生活的"大民生"，公路养护需要激发群众人人参与、自觉争当路域环境主角的意识，共同守护美丽家园（米子扬，2023）。乡村振兴，必须先行建设和发展交通，乡村主要以种植业为生，高质量的交通能够建设农副产品流通的中间环节，促进居民增收，也有助于招商引资，促进农户就业，间接带动农村居民收入，促进共同富裕（许云飞等，2023）。近年来，我国聚焦乡村振兴和产业发展，大力发展"交通+"模式，推进农村公路与沿线配套设施、产业园区、旅游景区、乡村旅游重点村一体化建设，因地制宜推动农村客货邮融合发展，大力发展"路衍经济"，为全面推进乡村振兴打造新引擎。云南省乡村既属于山区同时又是著名的旅游基地，在"交通+"模式的推进下，村民收入水平提高，家庭私家车保有量也在不断提升，为实现乡村现代化建设增添原动力（王璐，2023）。尽管与城市居民相比，乡村居民的交通、通信消费水平仍有较大差距，但得益于国家政策对农村地区的扶持和农村经济的发展，乡村居民的交通通信消费需求和能力逐步提升。随着农村道路条件的改善和公共交通线路的延伸，乡村居民对公共交通出行的需求逐渐增加。此外，农村地区私人摩托车和电动车的拥有量也在不断上升，成为乡村居民出行的主要交通工具。在通信方面，随着国家对农村通信基础设施的投入和普及，乡村居民的通信消费逐渐多元化。固定电话和手机的普及率不断提高，移动互联网的使用也在逐步扩大。农村电商和信息服务的快速发展，使乡村居民对通信消费的需求不断增长。总之，云南省乡村居民的交通、通信消费在逐步提高，农村地区的交通、通信设施和服务也在不断完善。这将有助于缩小城乡差距，提高乡村居民的生活水平和幸福感。

3.8　云南省居民其他消费情况

在居住消费方面，随着城市化进程的加快和房地产市场的快速发展，云南省居民的房屋购买和租赁成为重要消费支出。在农村地区，居民的自建房和改善住房条件的需求也在逐步增长。在娱乐消费方面，随着生活水平的提高，人民越来越注重追求高质量的生活方式，享乐型消费支出上升，如健身、电影等娱乐消费成为日常生活中的一部分，丰富了居民的业余生活。在出行消费方面，交通体系的日益完善，使居民滋生"想出去看看"的心理，云南省作为著名的旅游城市，导致省内居民倾向于假期外出旅行，出行消费逐渐呈现出个性化、品质化的趋势。在绿色消费方面，随着环保意识的觉醒，云南省居民对绿色消费的关注度逐渐提高。节能环保产品、低碳出行、有机食品等绿色消费逐渐成为时尚和品质生活的象征。总之，云南省居民的其他消费情况呈现出多元化、个性化和品质化的特点，消费结构也在不断优化升级。随着经济的发展和居民收入的提高，未来云南省居民的消费需求和潜力将进一步释放。

在"十三五"时期，关于云南省城镇化居民其他消费情况，随着居民收入渠道不断拓宽，收入结构趋向于多元化发展，日常生活需求也向高质量倾斜，从发展型消费逐步向享受型消费发展。云南省加快发展现代服务业行动，创新体制机制，放宽市场准入，优化政策环境，推动生活性服务业向精细化、高品质转变，从而提高了城镇居民的消费水平。关于云南省乡村居民其他消费情况，在乡村振兴和农业农村现代化发展的双重驱动下，农村经济水平不断上升，带动基础设施和服务设施的逐步完善。乡村居民对高质量生活的需求开始攀升，从满足基本生活需求过渡到追求高质量消费，生活质量得到了显著提升，乡村居民对其他消费的需求也逐渐增加。云南省相应颁布政策促进农村产业结构调整，推动农业现代化发展，一方面发挥旅游省份效应，发展特色产业和乡村旅游，拓宽农民增收渠道，间接带动乡村居民收入不断提高，消费能力逐步增强。另一方面云南省还实施了一系列农村帮扶政策，提高了低收入地区居民的生活水平。综合来看，云南省乡村居民其他消费情况呈现出稳步增长的态势。随着收入的增加和消费观念的转变，乡村居民对教育、医疗、文化、娱乐等领域的消费需求将不断释放。同时，乡村居民的其他消费结构也将逐步优化，消费品质不断提高。

综上所述，云南省城镇居民的其他消费支出在逐年增加，这从侧面反映了他们在生活品质提升方面的需求不断增长，未来也会向高质量生活需求消费倾斜。

第4章　云南省家庭消费间接碳排放地区异质性研究

本章结合国内外专家学者和研究机构关于家庭消费间接碳排放的测算方法，以国际上普遍认可的 IPCC2006 年编制的《国家温室气体清单指南》中碳排放的测算方法为指导，利用了《中国能源统计年鉴》《中国地区投入产出表》《云南统计年鉴》《云南调查年鉴》中的相关数据，测算了 2012～2021 年云南省整体及各区域的家庭消费间接碳排放量和碳排放强度等指标，基于上述测算数据。刻画了云南省整体、各州市和五大区域（滇中、滇西、滇西北、滇西南、滇东南）的碳排放总量、碳排放强度和人均碳排放量的变化趋势，并对以上地区的家庭消费间接碳排放总量、碳排放强度和人均碳排放量的地区差异性进行了具体分析。上述关于云南省家庭消费间接碳排放地区差异的测算和分析，能够为下文基于家庭消费碳排放地区差异影响因素的分解和因地制宜的实施差异化的环境规制政策提供数据支持和现实依据。

4.1　家庭消费间接碳排放量测度

本书对云南省家庭消费间接碳排放的测算考虑到家庭生活消费支出过

程的非能源产品和服务消费，包含了云南省家庭生活中的衣、食、住、行、用全过程。家庭消费间接碳排放的产生来源于生活生产过程中的八大类消费：食品、衣着、居住、家庭设备用品、医疗保健、文教娱乐、交通通信和其他。本书对云南省家庭消费间接碳排放的测算结合了消费者生活方式方法和投入产出分析法，首先将八大类消费支出的单位产出碳排放强度进行测算，再通过云南省家庭消费支出数据测算各类消费的家庭消费间接碳排放。

由于《云南统计年鉴》中对家庭消费支出的分类与云南省能源供给数量中的行业划分并非一一对应。因此，在进行计算之前，需要建立云南省八大家庭消费支出类型与各个生产行业之间的联系，因此，将云南省生产行业中的 23 个行业与八大家庭消费支出类型对应，所建立的对应关系如表 4-1 所示，进行各消费类型的碳排放强度计算。

表 4-1　家庭消费支出类型与行业对应情况

家庭消费支出类型	相关行业
食品	农林牧渔产品和服务；食品和烟草
衣着	纺织品；纺织服装鞋帽皮革羽绒及其制品
居住	非金属矿物制品业；金属制品；水的生产和供应；建筑
家庭设备用品	木材加工品和家具；电气机械和器材
医疗保健	公共管理、社会保障和社会组织；卫生和社会工作
文教娱乐	造纸印刷和文教体育用品；教育；文化、体育和娱乐
交通通信	交通运输设备；通信设备、计算机和其他电子设备；交通运输、仓储和邮政；信息传输、软件和信息技术服务
其他	批发和零售；住宿和餐饮；租赁和商务服务；居民服务、修理和其他服务

家庭间接碳排放相关的计算公式如下：

$$DE_i = \frac{\sum_i^n DE_{i,n} \times 10^4}{\sum_i^n G_{i,n}} \tag{4-1}$$

$$CI_i = DE_i \times (I-A)^{-1} \tag{4-2}$$

$$E_{id} = \sum_i (CI_i \times EX_i \times 10^{-4}) \tag{4-3}$$

其中，DE_i 表示与第 i 类家庭消费支出类型对应的相关行业的能源消耗直接碳排放强度（单位：吨二氧化碳/万元），用相关行业二氧化碳排放量与行业总产值之比表示；n 为家庭消费支出类型对应的相关行业部门个数，$DE_{i,n}$ 为与第 i 类家庭消费支出类型对应的第 n 个行业部门的 CO_2 排放量（单位：10^4 吨二氧化碳），$G_{i,n}$ 为与第 i 类家庭消费支出类型对应的第 n 个行业部门的产值（单位：万元）；A 是投入产出表的直接消耗系数矩阵，I 是与 A 阶数相同的单位矩阵，$(I-A)^{-1}$ 是完全需求系数矩阵，即 Leontief 逆矩阵；CI_i 为与第 i 类家庭消费支出类型对应的隐含碳排放强度（单位：吨二氧化碳/万元）；E_{id} 为家庭间接碳排放量（单位：吨二氧化碳），EX_i 为第 i 类家庭消费支出（单位：元），i 为对应的八类家庭消费支出类型。

云南省目前仅公布 2002 年、2007 年、2012 年和 2017 年的投入产出表数据，因此，本书参考 Liu 等（2019）方法对相关年份作如下调整：

$$CI_{ik} = \begin{cases} DE_k \times (I-A_k)^{-1} & (k=2012 \text{ 年}, 2017 \text{ 年}) \\ \dfrac{4}{5}DE_k \times (I-A_{k-1})^{-1} + \dfrac{1}{5}DE_k \times (I-A_{k+4})^{-1} & (k=2013 \text{ 年}) \\ \dfrac{3}{5}DE_k \times (I-A_{k-2})^{-1} + \dfrac{2}{5}DE_k \times (I-A_{k+3})^{-1} & (k=2014 \text{ 年}) \\ \dfrac{2}{5}DE_k \times (I-A_{k-3})^{-1} + \dfrac{3}{5}DE_k \times (I-A_{k+2})^{-1} & (k=2015 \text{ 年}) \\ \dfrac{1}{5}DE_k \times (I-A_{k-4})^{-1} + \dfrac{4}{5}DE_k \times (I-A_{k+1})^{-1} & (k=2016 \text{ 年}) \\ DE_{2017} \times (I-A_{2017})^{-1} & (k=2018{\sim}2021 \text{ 年}) \end{cases} \tag{4-4}$$

其中，DE_k 表示第 k 年直接碳排放强度的向量，$(I-A_k)^{-1}$ 表示第 k 年对应的 Leontief 逆矩阵。计算出云南省城乡家庭消费支出类型的隐含碳排放强度（见表4-2）。

表4-2 云南省家庭消费支出类型的隐含碳排放强度

年份	2012	2013	2014	2015	2016	2017	2018	2019	2020	2021
食品	1.257	1.180	1.103	1.027	0.950	0.873	0.873	0.873	0.873	0.873
衣着	4.572	4.329	4.086	3.844	3.601	3.359	3.359	3.359	3.359	3.359
居住	5.325	5.073	4.821	4.569	4.318	4.066	4.066	4.066	4.066	4.066
家庭设备用品	4.833	5.283	5.733	6.183	6.633	7.083	7.083	7.083	7.083	7.083
医疗保健	9.525	8.056	6.587	5.118	3.649	2.180	2.180	2.180	2.180	2.180
文教娱乐	3.270	3.019	2.769	2.519	2.268	2.018	2.018	2.018	2.018	2.018
交通通信	12.682	11.700	10.717	9.735	8.753	7.770	7.770	7.770	7.770	7.770
其他	2.849	2.527	2.206	1.884	1.563	1.242	1.242	1.242	1.242	1.242

4.2 家庭消费间接碳排放地区异质性分析

云南省地处中国西南，总面积达3941万公顷，气候带类型为亚热带和热带季风气候。云南省包含16个州市，区域划分为滇中、滇西、滇西北、滇西南和滇东南五个区域，滇中区域的经济发展水平显著高于其他区域，区域内城市人口密集，各种类型的家庭消费支出也位于全省首位。另外，各区域内的州市发展水平也并不一致，家庭消费支出水平也具有较大差异，因此，云南省的家庭消费间接碳排放量和碳排放强度分布不均衡，云南省家庭消费间接碳排放的区域差异的定量分析对家庭消费碳排放的时空演变研究具有重要意义。云南省各州市家庭消费间接碳排放总量、碳排放强度和人均碳排放量的地区分布存在什么特点？随着云南省经济发展程度的加深，这种碳排放分布的差异性又呈现怎样的变化趋势？

对云南省家庭消费间接碳排放地区差异进行分析，不能只针对碳排放总量的绝对数对比或者是静态的分析，要对云南省家庭消费间接碳排放地区差异性的整体动态发展变化趋势进行整体考虑，有针对性地制定云南省家庭消费间接碳减排动态协调减排方案。

4.2.1　家庭消费间接碳排放总量地区异质性分析

本书结合投入产出分析法和消费者生活方式方法，基于式（4-1）至式（4-4）测算了 2012~2021 年云南省整体及各州市的家庭消费间接碳排放量（见表 4-3）。10 年间，云南省整体年均家庭消费间接碳排放量为 18906.282 万吨二氧化碳，整体上呈现逐年增加的趋势，年均增长率为 6.945%。在云南省的 16 个州市中，家庭消费间接碳排放水平可分为四个梯队：第一梯队为昆明，昆明作为云南省省会，经济发展水平较高的同时家庭消费间接碳排放量也远高于其他州市，昆明市地于云南省中心位置，地理位置优越且各方面基础设施条件较好，城市人口较多且家庭的各类消费支出较大，导致昆明市的家庭消费间接碳排放量位于第一梯队。第二梯队为滇中的曲靖和昭通以及滇东南的红河，这三个城市的家庭消费间接碳放量排名为曲靖>昭通>红河，其中曲靖与昆明的距离较近，经济发展水平和地理优势也吸引了大量人口的聚集，家庭消费间接碳排放量也较高，昭通和红河的家庭消费间接碳排放量则相差不大。第三梯队的分布则没有具体的区域划分现象，如大理、文山、保山、楚雄、临沧和普洱等，家庭消费间接碳排放量居于云南省中等位置。第四梯队大多为滇西和滇西北的一些州市，如迪庆、怒江、丽江和德宏等，家庭消费间接碳排放量较低。

表 4-3 2012~2021 年云南省整体及各州市家庭消费间接碳排放量

单位：10^4 吨二氧化碳

州市＼年份	2012	2013	2014	2015	2016	2017	2018	2019	2020	2021
昆明	2140.656	2513.825	2256.380	3174.590	3187.583	3029.119	3229.299	3691.174	4039.831	4315.671
曲靖	1532.597	1625.170	1575.076	1665.960	1657.751	1574.471	1686.266	1938.362	2116.740	2217.733
玉溪	601.028	611.777	631.904	649.869	607.736	596.496	663.424	737.618	813.233	820.942
保山	577.889	690.574	705.380	751.209	747.039	721.232	790.382	918.213	992.149	1035.660
昭通	1241.966	1343.026	1339.991	1406.844	1387.315	1299.180	1421.999	1655.062	1800.738	1770.214
丽江	299.511	317.970	322.358	336.816	311.659	293.975	331.384	391.327	446.580	463.072
普洱	605.157	656.756	649.402	668.878	659.016	623.350	676.801	778.693	825.039	859.054
临沧	610.382	645.063	662.473	703.173	710.784	656.865	687.274	791.888	855.470	912.722
楚雄	650.623	695.131	696.704	735.399	721.374	679.116	734.835	855.388	938.296	963.180
红河	1122.487	1219.006	1231.687	1307.143	1282.298	1215.523	1325.209	1516.914	1656.476	1729.993
文山	743.191	761.702	774.109	835.761	826.870	766.397	832.569	965.514	1075.402	1181.019
西双版纳	239.554	252.684	255.133	267.371	261.783	245.498	273.673	318.602	337.293	387.280
大理	811.406	863.683	831.669	867.531	864.622	817.595	882.043	1032.581	1167.665	1224.277
德宏	312.056	328.020	334.473	354.401	347.141	331.839	363.546	420.593	453.189	494.228
怒江	130.89	140.06	138.26	149.11	138.76	131.25	150.53	189.38	209.96	198.38
迪庆	111.86	120.10	122.00	128.26	119.30	113.90	126.97	145.64	155.52	167.87
总量	14951.614	16245.097	16601.803	17508.127	17577.926	16920.155	18618.064	21556.405	23747.408	25336.219

4.2.2 家庭消费间接碳排放强度地区异质性分析

本书在测算了云南省整体和各州市家庭消费间接碳排放总量的基础上，进一步结合云南省各州市经济发展相关数据，测算了 2012~2021 年云南省 16 个州市的家庭消费间接碳排放强度，如表 4-4 所示。

表 4-4 2012~2021 年云南省整体及各州市家庭消费间接碳排放强度

单位：10^4 吨/亿元

年份\州市	2012	2013	2014	2015	2016	2017	2018	2019	2020	2021
昆明	0.853	0.835	0.661	0.855	0.803	0.704	0.665	0.709	0.624	0.641
曲靖	1.267	1.161	0.994	1.076	1.017	0.890	0.869	0.963	0.803	0.749
玉溪	0.686	0.612	0.573	0.549	0.488	0.455	0.469	0.494	0.417	0.399
保山	1.788	1.771	1.568	1.493	1.353	1.178	1.164	1.244	1.033	0.984
昭通	2.671	2.417	2.111	2.101	1.958	1.697	1.708	1.861	1.508	1.374
丽江	0.644	0.572	0.508	0.503	0.440	0.384	0.398	0.440	0.374	0.359
普洱	2.009	1.790	1.527	1.402	1.282	1.098	1.084	1.175	0.943	0.909
临沧	2.240	1.827	1.592	1.512	1.416	1.193	1.138	1.257	1.127	1.111
楚雄	1.348	1.219	1.102	1.042	0.945	0.802	0.784	0.835	0.749	0.702
红河	1.438	1.346	1.199	1.160	1.050	0.911	0.896	0.952	0.749	0.716
文山	1.852	1.593	1.399	1.357	1.234	1.041	1.029	1.124	0.994	0.997
西双版纳	1.212	1.086	0.937	0.874	0.779	0.671	0.695	0.763	0.594	0.641
大理	1.428	1.285	1.093	1.042	0.961	0.841	0.827	0.920	0.849	0.825
德宏	1.811	1.632	1.449	1.292	1.188	1.026	1.018	1.104	0.882	0.859
怒江	2.025	1.869	1.611	1.489	1.226	1.038	1.064	1.172	1.091	0.941
迪庆	1.160	1.057	0.929	0.871	0.740	0.644	0.639	0.670	0.619	0.629
总量	1.277	1.175	1.014	1.050	0.968	0.844	0.826	0.893	0.761	0.742

其中，云南省整体及各区域家庭消费间接碳排放强度的测算先要计算各区域家庭消费间接二氧化碳排放量并获取各区域生产总值。本书中各区域生产总值数据源于《云南统计年鉴》《中国城市统计年鉴》，另外，个别州市的数据还来源于州市国民经济和社会发展统计公报数据。

从表 4-4 可以看出：第一，2012~2021 年，云南省整体家庭消费间接碳排放强度除了在个别年份存在小幅波动外，整体上呈现下降趋势；第二，云南省 16 个州市中，碳排放强度最大的是昭通市。2012～2021 年，昭通市的家庭消费间接碳排放强度均高于云南省其他州市，2012 年最高，昭通市家庭消费间接碳排放强度达 2.671 万吨/亿元。在 16 个州市中，碳排放强度最小的州市为玉溪市和丽江市，2012～2021 年家庭消费间接碳排放强度均呈现逐渐下降的趋势。

4.2.3 家庭消费间接人均碳排放地区异质性分析

在分析了云南省各州市家庭消费间接碳排放总量和碳排放强度的基础上，进一步结合云南省各地区经济发展情况及人口规模进行云南省各地区人均碳排放量差异性分析，表 4-5 为 2012～2021 年云南省各州市人均家庭消费间接碳排放数据。

表 4-5　2012～2021 年云南省各州市人均家庭消费间接碳排放量

单位：吨二氧化碳/人

年份 州市	2012	2013	2014	2015	2016	2017	2018	2019	2020	2021
昆明	4.034	4.379	4.276	4.734	4.663	4.400	4.707	5.341	5.805	6.129
曲靖	2.958	3.199	3.174	3.363	3.365	3.203	3.496	4.052	4.452	4.777
玉溪	3.010	3.201	3.273	3.424	3.340	3.248	3.607	4.131	4.556	4.858
保山	2.530	2.911	2.954	3.147	3.147	3.033	3.344	3.896	4.276	4.528
昭通	2.528	2.754	2.754	2.916	2.905	2.768	3.055	3.568	3.891	4.284
丽江	2.647	2.875	2.907	3.072	2.974	2.843	3.191	3.754	4.200	4.656
普洱	2.712	2.964	2.965	3.112	3.106	2.972	3.270	3.802	4.121	4.366
临沧	2.754	2.959	3.010	3.200	3.224	3.057	3.310	3.849	4.214	4.431
楚雄	2.768	3.002	3.027	3.217	3.206	3.065	3.373	3.941	4.340	4.699
红河	2.856	3.125	3.159	3.351	3.332	3.195	3.510	4.060	4.455	4.740
文山	2.503	2.671	2.705	2.918	2.922	2.770	3.060	3.579	3.969	4.156

续表

年份 州市	2012	2013	2014	2015	2016	2017	2018	2019	2020	2021
西双版纳	2.651	2.853	2.887	3.061	3.047	2.905	3.236	3.783	4.101	4.240
大理	2.742	2.994	2.956	3.124	3.135	3.001	3.291	3.854	4.282	4.487
德宏	2.888	3.094	3.130	3.305	3.277	3.140	3.453	4.012	4.381	4.729
怒江	2.574	2.775	2.767	2.979	2.889	2.764	3.120	3.765	4.162	4.777
迪庆	2.801	3.019	3.059	3.240	3.144	3.015	3.347	3.879	4.284	4.449

从表 4-5 中可以看出：第一，云南省 16 个州市的人均家庭消费间接碳排放整体上呈现明显的上升趋势，但是 2015~2017 年，人均家庭消费间接碳排放存在一段时间的下降趋势，但下降趋势较缓。第二，云南省人均家庭消费间接碳排放量最高的州市为昆明市，2012~2021 年一直保持着远高于其他州市的人均碳排放水平。昆明市位于云南省中心位置，地理位置优越且各方面基础设施条件较好，城市人口较多且家庭的各类消费支出较大，导致昆明市的人均家庭消费间接碳排放量位于第一梯队。第三，文山是云南省人均家庭消费间接碳排放量最低的省份，除了 2016~2017 年出现了小幅增加的情况，整体上文山的人均家庭消费间接碳排放呈现逐渐减少的趋势。

4.3　家庭消费间接碳排放地区聚类分析

从云南省家庭消费间接碳排放总量的地区差异、家庭消费间接碳排放强度的地区差异和家庭消费间接人均碳排放的地区差异分析中可以发现，2012~2021 年云南省各州市家庭消费间接碳排放表现出较大的地区差异的同时，也呈现一定的碳排放空间分布、空间相关和空间收敛性特征，另外，云南省现有经济的阶梯发展模式与人口流动情况也强化了家庭消费间接碳排放的空间分布与集聚效应，导致云南省的家庭消费间接碳排放呈现了一定的收敛特征。进一步考察云南省区域家庭消费间接碳排放的空间分布格局与空间集聚问题，并根据空间集聚情况建立云南省碳排放区域协调减排平衡机制，才能更加公平有效地实现云南省家庭消费碳减排目标，更好地促进云南省社会经济的平衡发展。

4.3.1　云南省五大区域划分

为了进一步深入了解云南省家庭消费碳排放的空间分布情况，并为后面基于地区碳排放差异的环境规制优化研究提供相应的数据支撑，本章将云南省的 16 个州市划分成五个重要发展区域：滇中、滇西、滇西北、滇西南、滇东南。区域选择源自《云南省国民经济和社会发展第十二个五年规划纲要》，具体划分情况如表 4-6 所示。

表 4-6　云南省发展区域划分

区域	州市
滇中	昆明、玉溪、楚雄、曲靖、昭通
滇西	大理、德宏、保山
滇西北	迪庆、丽江、怒江
滇西南	西双版纳、普洱、临沧
滇东南	文山、红河

4.3.2　云南省五大区域家庭消费碳排放总量分析

将云南省地区划分为滇中、滇西、滇西北、滇西南、滇东南五个区域之后，对这五个区域的家庭消费间接碳排放总量、碳排放强度进行进一步分析。表 4-7 为云南省五大发展区域的家庭消费碳排放量。

表 4-7　2012~2021 年云南省五大区域家庭消费碳排放量

单位：10^4 吨二氧化碳

区域 年份	滇中	滇西	滇西北	滇西南	滇东南
2012	6166.869	1701.350	542.255	1455.093	1865.678
2013	6788.928	1882.277	578.134	1554.502	1980.708
2014	6500.055	1871.521	582.620	1567.008	2005.796
2015	7632.662	1973.141	614.186	1639.422	2142.905
2016	7561.758	1958.802	569.725	1631.582	2109.167
2017	7178.382	1870.667	539.126	1525.713	1981.920
2018	7735.824	2035.972	608.887	1637.749	2157.779
2019	8877.605	2371.387	726.349	1889.184	2482.428
2020	9708.838	2613.003	812.055	2017.802	2731.878
2021	10087.740	2754.165	829.325	2159.056	2911.011

由表 4-7 可以看出：第一，总体来看，云南省五大区域的家庭消费间接碳排放量呈现明显的增长趋势；第二，在云南省五大区域中，滇中区域的家庭消费间接碳排放量远远高于其他区域，滇中区域包括昆明、玉溪、楚雄、曲靖、昭通五大城市，地理位置居于云南省中部，交通位置较好，经济发展水平高于其他区域州市，造成滇中区域的家庭消费间接碳排放高于其他区域；第三，滇西北区域的家庭消费间接碳排放量显著低于其他区域，滇西北区域包括迪庆、丽江、怒江三大城市，地理位置居于云南省西北部边缘，与其他区域州市相比，人口较少且交通不便，导致滇西北区域的家庭消费间接碳排放量显著低于其他区域。

云南省五大区域家庭消费间接碳排放量变化趋势如图 4-1 所示，2012~2021 年云南省滇西北区域的家庭消费间接碳排放量是五大区域中最低的，也是变化最为平缓的，增幅变化最为稳定，2016~2017 年呈现小幅的下降趋势；滇西、滇西南和滇东南的家庭消费间接碳排放量均为稳定上升趋势，其中，滇西和滇东南的家庭消费间接碳排放量比较接近。滇中区域家庭消费间接碳排放远远高于其他区域，整体上呈现波动上升的趋势，2013~2014 年出现下降，2015~2017 年也出现小幅下降趋势。

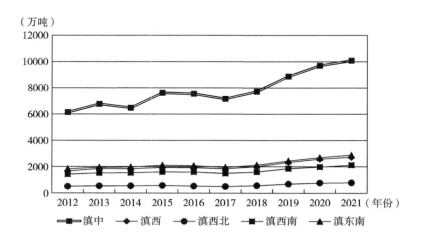

图 4-1　2012~2021 年云南省五大区域家庭消费间接碳排放量变化趋势

4.3.3　云南省五大区域家庭消费碳排放强度分析

根据区域划分对云南省整体和各发展区域的家庭消费间接碳排放强度进行测算，10 年间的家庭消费间接碳排放强度测算结果如图 4-2 所示。

整体来看，云南省家庭间接碳排放强度从 2012 年的 1.277 万吨/亿元逐渐降低到 2021 年的 0.742 万吨/亿元，年均降幅为 4.19%，说明云南省作为"生态文明建设的排头兵"，在保持经济发展的同时也在积极实行低碳减排工作，绿色低碳发展理念在全社会广泛践行，云南省居民家庭也为实现"双碳"目标贡献了自身的力量。从各区域家庭消费间接碳排放强度对比来看，滇西北的家庭消费间接碳排放强度最低，10 年间的均值为0.870 万吨/亿元，远低于其他四个区域，也是唯一低于云南省整体0.955 万吨/亿元平均水平的区域。滇中区域 10 年间的家庭消费间接碳排

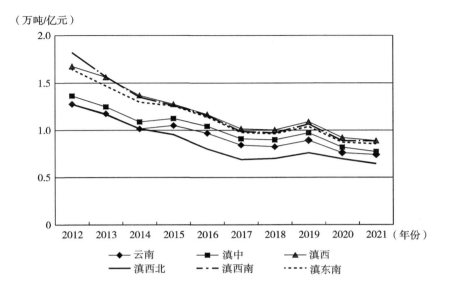

图 4-2　2012~2021 年云南省整体及各区域家庭消费间接碳排放强度逐年变化情况

放强度均值为 1.024 万吨/亿元，最接近云南省整体均值。滇西、滇西南和滇东南以 1.197 万吨/亿元、1.196 万吨/亿元和 1.152 万吨/亿元的均值占据较高的家庭消费间接碳排放强度水平。

云南省 5 个区域的家庭消费间接碳排放强度整体上呈现"南高北低""西高东低"的空间分布态势。从各区域碳排放强度的时间变化来看，在 2012~2021 年的研究区间，各区域的家庭消费间接碳排放强度均呈现下降趋势，并存在进一步降低的势头。其中，滇西、滇西南和滇东南在研究期间分别下降了 0.786 万吨/亿元、0.934 万吨/亿元和 0.789 万吨/亿元，而滇中和滇西北在研究期间则分别下降了 0.592 万吨/亿元和 0.633 万吨/亿元。可以看到，在云南省 5 大区域中，家庭消费间接碳排放强度相对较高的区域下降量明显高于家庭消费间接碳排放强度较低的区域，各区域的年均家庭消费间接碳排放量之间的差异大幅度减小，呈现收敛性特征。同时，滇西和滇东南家庭消费间接碳排放强度的年均降幅分别为 4.693% 和 4.795%，而滇中区域的年均降幅为 4.962%，家庭消费间接碳排放强度较高区域的降幅仍大于家庭消费间接碳排放强度较低区域，区域间低碳减排的协同合作机制尚不完善，导致家庭消费间接碳排放强度较低区域的先进经验与前沿科技难以扩散至家庭消费间接碳排放强度较高区域。为进一步探究云南省家庭消费间接碳排放强度产生区域分化原因，需要将各区域家庭消费间接碳排放强度差异深入分析。

4.3.4 云南省五大区域内部家庭消费间接碳排放强度差异

为了进一步对云南省五大区域内部家庭消费间接碳排放强度差异进行分析，本章用 Dagum 基尼系数及其分解的方法。以往测算不平等程度的传统测算指标，如泰尔指数和经典基尼系数等，大多是在正态分布与同方差性假设的基础上构建，虽然严格限制了各分组样本之间不存在交叉重复的部分，但难以将各分组样本分解为包含合理经济学含义的各子指数（张卓群等，2022）。Dagum 分析总结了以上的问题并于 1997 年提出 Dagum 基尼系数的概念，将样本的整体差异分解为组内差异、组间净差异和组间超变密度三个部分。很好地解决了传统基尼系数的问题，因此，本书选择 Dagum 基尼系数分析云南省家庭间接碳排放强度的区域差异。其中，组间 Dagum 基尼系数公式如下：

$$G_{jh} = \frac{\sum_{i=1}^{n_j} \sum_{r=1}^{n_h} |y_{ji} - y_{hr}|}{n_j n_h (\overline{y_j} + \overline{y_h})} \tag{4-5}$$

其中，j 和 h 分别表示某两个特定区域，n_j 和 n_h 分别表示对应区域内的城市数量，y_{ji} 和 y_{hr} 分别表示第 j 和 h 区域内第 i 和 r 个城市的碳排放强度，$\overline{y_j}$ 和 $\overline{y_h}$ 分别表示第 j 和 h 区域内所有城市碳排放强度的均值。如果两个区域相同，即 j=h，则得到 j 区域的组内基尼系数 G_{jj}。

Dagum 基尼系数进一步分解为组内差异贡献（G_w）、组间差异净值贡献（G_{nb}）和组间超变密度贡献（G_t）。对应公式如下：

$$G = \sum_{j=1}^{k} G_{jj} p_j s_j + \sum_{j=1}^{k} \sum_{h \neq j} G_{jh} p_j s_h D_{jh} + \sum_{j=1}^{k} \sum_{h \neq j} G_{jh} p_j s_h (1 - D_{jh})$$

$$\tag{4-6}$$

$$G \equiv G_w + G_{nb} + G_t \tag{4-7}$$

其中，$p_j \equiv n_j / n$ 表示 j 区域内城市个数 n_j 占样本容量 n 的比例，$s_h \equiv n_h \overline{y_h} / n\overline{y}$ 表示 h 区域内碳排放强度占样本内所有城市家庭消费间接碳排放强度的比例。由 $\sum_j \sum_h p_j s_h = 1$ 得总体 Dagum 基尼系数为所有区域两两组合的组间（内）基尼系数 G_{jh} 的加权平均，且相应权重为 $p_j s_h$。G_w 为各区域内城市家庭消费间接碳排放强度差异对整体差异的总贡献，$G_{gb} \equiv G_{nb} + G_t$ 为所有区域间差异的总贡献。D_{jh} 表示 j 区域和 h 区域之间的相对影响力，对应公式如下：

$$D_{jh} = \frac{D_{jh} - p_{jh}}{D_{jh} + p_{jh}} \tag{4-8}$$

$$d_{jh} = \int_0^\infty dF_j(y) \int_0^y (y - x) dF_h(x) \tag{4-9}$$

$$p_{jh} = \int_0^\infty dF_h(y) \int_0^y (y - x) dF_j(x) \tag{4-10}$$

其中，在对 d_{jh} 和 p_{jh} 计算前先对两区域的编号进行调整，使 $\overline{y_j} \geq \overline{y_h}$，$F_j(\cdot)$ 和 $F_h(\cdot)$ 分别为调整后 j 区域和 h 区域碳排放强度的累积分布函数。d_{jh} 代表 j 区域和 h 区域间的总影响力，是 j 区域和 h 区域中所有 $y_{ji} - y_{hr} > 0$ 汇总值的数学期望，可使用样本差值的加权平均做估计量，各差值所用权重均为 $1 / n_j n_h$。p_{jh} 表示 j 区域和 h 区域间的超变一阶矩，是 j 区域和 h 区域中所有 $y_{hr} - y_{ji} > 0$ 汇总值的数学期望，可以使用与 d_{jh} 相同权重的样本加权平均做估计量。D_{jh} 实际上代表了区域间净影响力 $d_{jh} - p_{jh}$ 占其最大可能值 $d_{jh} + p_{jh}$ 的比例，有 $D_{jh} = D_{hj}$，且取值范围被限制为 ［0，1］，当且仅当 $\overline{y_j} = \overline{y_h}$ 时取值为 0，当且仅当 j 区域和 h 区域间不存在交叉重叠时取值为 1。故而，可用 G_{nb} 代表区域间差异净值的贡献，G_t 代表区域间超变密度的贡献。

如果将平均家庭消费间接碳强度较高区域的碳排放强度降低，将平均家庭消费间接碳强度较低区域的碳排放强度增加，这样就缩减了区域间的差异从而将总体基尼系数降低。但如果各分组间存在交叉重叠，如平均家庭消费间接碳强度较低区域中存在部分高碳城市的平均家庭消费间接碳强度大于平均家庭消费间接碳强度较高区域中部分低碳城市的平均家庭消费间接碳强度，那么增加平均家庭消费间接碳强度较低区域的高碳城市的碳排放强度并降低平均家庭消费间接碳强度较高区域的低碳城市的碳排放强度将会导致总体基尼系数不降反升。由于各分组间交叉重叠造成的这部分基尼系数则为组间超变密度，若各分组之间无交叉重叠，则其为0。

根据区域划分并使用 Dagum 基尼系数对云南省整体和各发展区域的家庭消费间接碳排放强度的组内差异程度进行测算，10 年间的家庭消费间接碳排放强度的组内差异测算结果如图 4-3 所示。

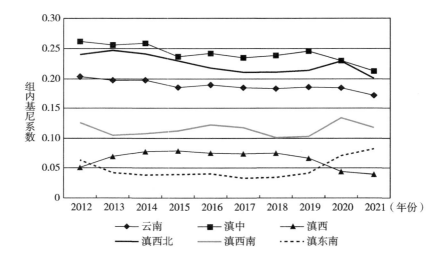

图 4-3　2012~2021 年云南省整体及各区域家庭消费间接碳排放强度组内差异变化

从云南省整体来看，云南省家庭消费间接碳排放强度的整体基尼系数在研究期间的均值为 0.188，整体呈现逐渐降低的趋势，但在研究期间也存在小幅增加的阶段，2015~2020 年基本稳定保持在 0.185 左右。从各区域来看，滇中和滇西北的组内基尼系数高于云南省整体基尼系数，滇西、滇西南和滇东南的组内基尼系数则低于云南省整体基尼系数。各区域内部的不均衡程度较高，组内差异很大程度上导致了云南省的整体差异。其中，滇中和滇西北在研究期间的组内基尼系数均值分别为 0.242 和 0.224，远高于其他区域，但两个区域整体都呈现逐渐降低的趋势。滇中区域由于昆明和曲靖的经济发展水平远高于其他区域内城市，发展的不均衡以及人口数量的不同造成家庭低碳消费的步伐并不一致，可能是导致组内差异的主要原因。滇西北区域中丽江的旅游业发展较好，家庭各类消费支出也高于其他区域内城市，这也是造成组内差异较大的重要原因。滇西南在研究期间的组内基尼系数均值为 0.115，处于云南省 5 个区域的中等水平，区域内西双版纳和普洱的家庭各类消费支出水平略高于临沧，是导致区域内差异的原因。滇西和滇东南在研究期间的组内基尼系数均值分别为 0.065 和 0.048，区域内各城市之间的差异较小。

4.3.5　云南省五大区域间家庭消费间接碳排放强度差异

根据区域划分并使用 Dagum 基尼系数对云南省整体和各发展区域的家庭消费间接碳排放强度的组间差异程度进行测算，10 年间的家庭消费间接碳排放强度的组间差异测算结果如图 4-4 所示。

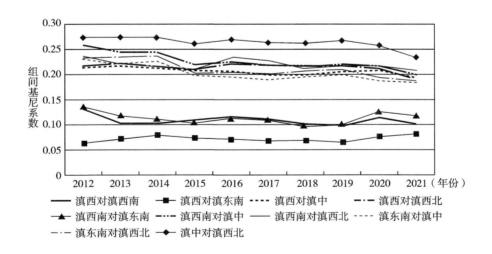

图 4-4　2012~2021 年云南省各区域家庭消费间接碳排放强度组间差异变化

从云南省整体趋势来看，整体组间差异变化状况较为平稳且差距在逐步减小，但是暂时依然存在明显的差距，这说明云南省各区域的家庭消费间接碳排放强度之间仍然表现为分化现象，滇中区域的发展相对较好，可以利用相应的环境规制工具和绿色低碳理念的宣传等方法来降低家庭间接碳排放强度，而另外一些区域受限于区域内城市发展进程迟缓。从各区域来看，滇西、滇西南和滇东南三个云南省西部地区的组间差异较小，其中，滇西和滇东南之间的基尼系数为研究区域内最低，研究期间的均值为0.071，滇西和滇西南之间的基尼系数均值为0.108，滇西南和滇东南之间的基尼系数均值为0.113，三个区域间的基尼系数远低于其他区域。云南省各区域之间的主要差异来源于滇中和其他区域的差距，其中，滇中和滇西北之间的基尼系数均值为0.262，2013年均值更是达到了最大值0.273，滇中与滇西南、滇西、滇东南之间的差异也较大，组间基尼系数依次为0.226、0.210、0.202。另外，滇西北与其他区域间差异也较大，滇西北与滇西南、滇西、滇东南区域间基尼系数均值分别为0.219、0.213、0.205，这与云南省经济发展情况与家庭消费情况基本一致。从区域差异的时间变化趋势来看，滇西南与滇中、滇西之间差异的降幅最为明显，年均降幅分别为2.26%、2.20%，滇中与滇东南、滇西之间差异的降幅相对较大，年均降幅分别为2.05%、2.00%。其他区域之间差异的降幅相对来说就比较平稳，如滇中与滇西北、滇西南与滇东南、滇西南与滇西北、滇西与滇西北，年均降幅分别为1.43%、1.28%、1.17%、1.15%。

4.3.6　云南省家庭消费间接碳排放强度的总体差异及分解

使用 Dagum 基尼系数将研究期间数据的整体差异分解为组内差异贡献、组间净差异贡献和超变密度贡献三部分，各部分的贡献值和贡献率如图4-5所示。

云南省各区域家庭消费间接碳排放强度的组内差异贡献值在2012年为0.0382，研究期间组内差异贡献值整体上处于逐渐降低的态势，在2021年降低为0.0332，但是由于整体差异贡献值也在下降，且下降得更

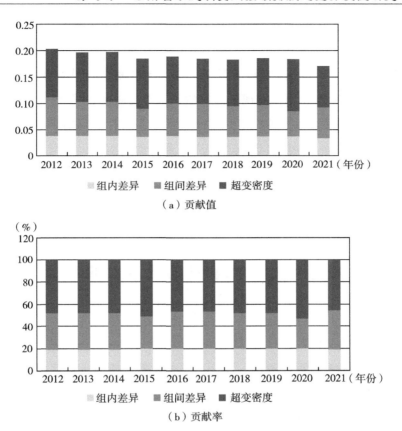

（a）贡献值

（b）贡献率

图 4-5　2012~2021 年云南省各区域家庭消费间接碳排放强度总体差异及分解

快，导致组内差异贡献率反而从 2012 年的 18.74% 上升到了 2021 年的 19.35%，组内差异贡献率在研究期间的平均贡献率为 19.52%。

组间净差异贡献值在 2012 年为 0.0738，研究期间组间净差异贡献值整体上也处于逐渐降低的态势，2020 年为最低点 0.049，但是在 2021 年出现了上升，升至 0.06，组间净差异贡献率也从 2012 年的 36.23% 降低至 2020 年的最低值 26.56%，但在 2021 年又升至 34.96%，组内净差异贡献率在研究期间的平均贡献率为 32.45%，组间净差异贡献在云南省各区域家庭消费间接碳排放强度总体差异中占据了较大部分，与前文论述结论一致。

超变密度贡献值和贡献率在研究期间整体上呈现先增加后降低的变化特征，超变密度贡献值在 2012 年为 0.0918，在 2020 年突然大幅增加至 0.0989，但 2021 年又很快回落至 0.0784，超变密度贡献率在 2012 年为 45.03%，在 2020 年同样出现了大幅增加，但是随后也出现了急速降低，从 53.58% 降低为 45.70%，超变密度贡献率在研究期间的平均贡献率为 48.03%，超变密度说明各区域间的交叉重叠部分对总体差异的贡献程度在云南省整体研究结果中占比最大，表明云南省区域划分中各区域内州市仍存在很多重叠交叉部分，在很大程度上导致了云南省整体差异的出现。

4.4 云南省五大区域家庭消费人均碳排放量分析

表 4-8 为 2012~2021 年云南省五大区域人均家庭消费间接碳排放变化趋势。由表 4-8 可以看出：第一，总体来看云南省五大区域的人均家庭消费间接碳排放量呈现明显的增长趋势；第二，在云南省五大区域中，滇中区域的人均家庭消费间接碳排放量远远高于其他区域，滇中区域的人均家庭消费间接碳排放由 2012 年的 3.123 吨/人上涨到 2021 年的 5.159 吨/人，平均年增速为 6.519%；第三，滇西和滇西北区域的人均家庭消费间接碳排放量显著低于其他区域，滇西南和滇东南区域的人均家庭消费间接碳排放处于云南省五大区域的中间位置。

表 4-8　2012~2021 年云南省五大区域人均家庭消费间接碳排放量

单位：10^4 吨二氧化碳

区域 年份	滇中	滇西	滇西北	滇西南	滇东南
2012	3.123	2.690	2.659	2.719	2.704
2013	3.407	2.980	2.878	2.943	2.933

续表

区域 年份	滇中	滇西	滇西北	滇西南	滇东南
2014	3.361	2.985	2.903	2.971	2.967
2015	3.693	3.164	3.082	3.141	3.168
2016	3.670	3.164	2.986	3.146	3.158
2017	3.494	3.037	2.858	2.997	3.016
2018	3.800	3.340	3.204	3.281	3.322
2019	4.376	3.898	3.782	3.818	3.858
2020	4.786	4.296	4.206	4.157	4.250
2021	5.159	4.544	4.641	4.370	4.484

　　图 4-6 为 2012~2021 年云南省五大区域的人均家庭消费间接碳排放变化趋势，由图 4-6 可以看出，五大区域的人均家庭消费间接碳排放量在 2012~2021 年是存在显著差异的。滇西和滇西北的人均家庭消费间接碳排放量一直处于五大区域的最低段，并且保持着较为平稳的变化趋势，滇西区域的人均家庭消费间接碳排放量年均值为 3.410 吨/人，滇西北区域的人均家庭消费间接碳排放量年均值为 3.320 吨/人。滇西南和滇东南的人均家庭消费间接碳排放量一直处于五大区域的中间位置，截至 2017 年，滇西南的人均家庭消费间接碳排放一直处于稳定增长的阶段，滇西南区域的人均家庭消费间接碳排放量年均值为 3.354 吨/人，滇东南区域的人均家庭消费间接碳排放量年均值为 3.386 吨/人。滇中区域人均家庭消费间接碳排放量则一直处于五大区域的最高位置，除了 2017 年出现小幅降低外，整体呈现逐渐上升的趋势，年均增速为 6.519%，其中，2012~2016 年的年均增速为 1.751%，2017~2021 年的年均增速为 4.765%，滇中区域的人均家庭消费间接碳排放增速在 2017 年之后出现了增加，说明滇中区域的家庭消费间接碳减排工作需要进一步制定相关政策，减排压力较大。

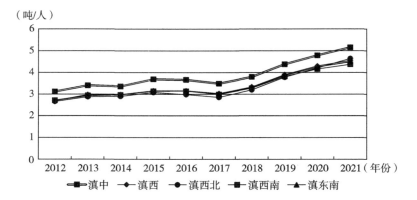

图 4-6　2012~2021 年云南省五大区域人均家庭消费间接碳排放变化趋势

第5章 家庭消费碳排放收敛
特征与地区经济增长

第4章刻画了云南省整体、各州市和五大区域的碳排放总量、碳排放强度和人均碳排放量的变化趋势，并对云南省整体、各州市和五大区域的家庭消费间接碳排放总量、碳排放强度和人均碳排放量的地区差异性进行了具体分析。然而，在家庭消费间接碳排放强度的地区差异分析中可以看出，在云南省五大区域中，家庭消费间接碳排放强度相对较高的区域下降量明显高于家庭消费间接碳排放强度较低的区域，各区域的年均家庭消费间接碳排放量之间的差异大幅度减小，呈现收敛性特征。同时，滇西和滇东南家庭消费间接碳排放强度的年均降幅分别为4.693%和4.795%，而滇中区域的年均降幅为4.962%，家庭消费间接碳排放强度较高区域的降幅仍大于家庭消费间接碳排放强度较低区域，区域间低碳减排的协同合作机制尚不完善，导致家庭消费间接碳排放强度较低区域的先进经验与前沿科技难以扩散至家庭消费间接碳排放强度较高区域。为进一步探究云南省家庭消费间接碳排放强度产生区域分化原因，需要将各区域家庭消费间接碳排放强度差异深入分析。

随着中国经济进入新常态，经济增速有所下滑。环境规制的构建应以不损害经济增长为前提，以推进碳排放和经济增长脱钩为主要目标。因此，本章从两个角度——云南省家庭消费间接碳排放强度的收敛特征和家庭消费间接碳排放强度与经济增长的脱钩关系，研究云南省家庭消费间接碳排放收敛特征以及与经济增长之间的关系，为云南省家庭消费碳减排路径与经济发展模式的选择提供参考和依据。

5.1 家庭消费间接碳排放收敛特征分析

为了进一步对云南省五大区域家庭消费间接碳排放强度的收敛特征进行分析，本章用到了核密度估计和收敛模型方法。核密度估计作为非参数估计中的重要方法，能将各城市家庭消费间接碳排放强度的分布特征用连续的密度曲线进行刻画。某一时间段核密度曲线的水平位置为家庭消费间接碳排放强度的大小，波峰的高度和宽度可显示区域内是否发生两极或多极分化，分布的延展性可以用拖尾程度展现，用来描述家庭消费间接碳排放强度的区域差异程度。同一区域多个时期的核密度曲线纵向对比能够观察出该区域家庭消费间接碳排放强度分布特征的动态演进过程，多个区域的核密度曲线横向比较可以观察出该区域家庭消费间接碳排放强度变化轨迹的差异。

j 区域家庭消费间接碳排放强度的核密度曲线为：

$$f_j(y) = \frac{1}{n_j h} \sum_{i=1}^{n_j} K\left(\frac{y_{ji} - y}{h}\right) \qquad (5-1)$$

其中，$K(\cdot)$ 为核密度函数，表示 y 邻域内所有样本点 y_{ij} 所占的权重，h 表示核密度估计的窗宽。

收敛问题最早源于新古典增长理论，用技术进步对各国经济增长水平差距进行解释，新古典增长理论提出由于资本的边际产出呈现递减趋势，经济发展最终将趋于稳定状态，经济增长理论把这种可能的现象称为经济增长的收敛（潘文卿等，2017）。随着收敛模型的广泛应用，家庭消费间接碳排放强度为效率指标的一种，随着"双碳"目标的提出，家庭消费间接碳排放强度很可能收敛于某一稳定状态，因此使用收敛模型研究云南省各区域家庭间接碳排放强度的变化特征。

常见的收敛模型为 σ 收敛和 β 收敛两种，σ 收敛为不同区域内家庭消费间接碳排放强度差异的离散程度随着时间推移而逐渐降低。β 收敛分为绝对收敛和条件收敛，绝对收敛是指不同区域内家庭消费间接碳排放强度随时间推移达到相同的水平；条件收敛是指不同区域内的家庭消费间接碳排放强度随着时间推移向各自不同的相对稳定的水平趋近。本章对家庭消费间接碳排放强度进行 σ 收敛检验，检验 σ 收敛常用的方法是变异系数法，使用数据的标准差与平均数的比值来衡量观测数值的差异化程度：

$$\sigma = \frac{\sqrt{\sum_{i=1}^{N_j}(F_{ij} - \overline{F_{ij}})^2 / N_j}}{\overline{F_{ij}}} \qquad (5-2)$$

其中，j 表示各个区域；i 表示区域内的城市；N_j 表示各区域内的城市个数；F_{ij} 表示 j 区域家庭消费间接碳排放强度；$\overline{F_{ij}}$ 表示 j 区域家庭消费间接碳排放强度的平均值。

5.1.1　云南省五大区域家庭消费间接碳排放强度的时间动态演进

使用 Dagum 基尼系数对云南省各州市家庭消费间接碳排放强度的总体差异进行了分析，但上述分析只描述了相对差异的变化情况，并没有将各区域家庭消费间接碳排放强度绝对差异的时空演进展开分析。因此，进一步借助核密度估计方法分析云南省各区域家庭消费间接碳排放强度的分布情况，将各区域密度曲线的分布位置、主峰分布形态、分布延展性和波峰数目等属性进行整合。对应的动态演进特征如表 5-1 所示，核密度估计结果如图 5-1 所示。

表 5-1　云南省各区域家庭消费间接碳排放强度动态演进特征

区域	分布位置	主峰分布形态	分布延展性	波峰数目
云南	左移	高度上升，宽度不变	右脱尾，延展收敛	单峰

续表

区域	分布位置	主峰分布形态	分布延展性	波峰数目
滇中	左移	高度上升，宽度变大	右脱尾，延展收敛	双峰
滇西	左移	高度下降，宽度变大	右脱尾，延展收敛	单峰或双峰
滇西北	左移	高度上升，宽度不变	右脱尾，延展收敛	单峰
滇西南	左移	高度下降，宽度变大	右脱尾，延展收敛	单峰或双峰
滇东南	左移	高度上升，宽度不变	右脱尾，延展收敛	单峰

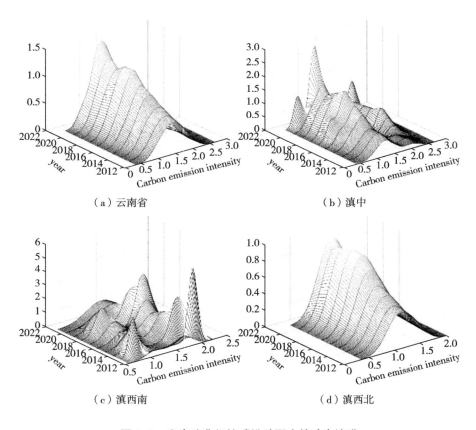

图 5-1　家庭消费间接碳排放强度的动态演进

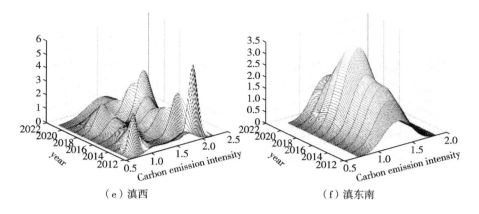

（e）滇西　　　　　　　　　　　　（f）滇东南

图 5-1　家庭消费间接碳排放强度的动态演进（续）

5.1.2　云南省整体家庭消费间接碳排放动态演进

由云南省家庭消费间接碳排放强度的动态演进可以看到（见图 5-1（a）），云南省家庭消费间接碳排放强度的分布动态演进规律为：①从分布位置可以看出，2012~2021 年，云南省家庭消费间接碳排放强度的核密度曲线左移，说明云南省整体家庭消费间接碳排放强度在不断降低。②从分布的形态可以看出，核密度曲线的波峰上升，曲线宽度未发生明显变化，说明云南省家庭消费间接碳排放强度的离散程度在降低。核密度曲线的分布为单峰，说明云南省整体未出现明显的多极分化现象。③从分布的延展性可以看出，核密度曲线出现了右拖尾现象，说明云南省存在某个区域的家庭消费间接碳排放强度显著高于其他区域。

5.1.3　云南省五大区域家庭消费间接碳排放动态演进

由各区域家庭消费间接碳排放强度的动态演进可以看到（见图 5-1（b）至图 5-1（f）），各区域的家庭消费间接碳排放强度的动态演进规律的共同特征可以从分布位置看出，各区域家庭消费间接碳排放强度的核密度曲线左移，说明各区域整体家庭消费间接碳排放强度在不断降低。各区域的家庭消费间接碳排放强度的动态演进规律的不同特征为：①从分布的形态可以看出，滇中、滇西北和滇东南核密度曲线的波峰上升，曲线宽度变宽，说明三个区域内的家庭消费间接碳排放强度的离散程度在降低，区域差异呈现扩大趋势，滇西和滇西南核密度曲线的波峰上升，曲线宽度变宽，说明这两个区域内的家庭消费间接碳排放强度的离散程度在扩张，区域差异呈现扩大趋势。滇中核密度曲线的分布为双峰，说明滇中区域内出现两极分化现象。滇西和滇西南核密度曲线的分布有单峰或双峰，说明部分时期内存在两极分化现象。②从分布的延展性可以看出，核密度曲线均出现了右拖尾现象，说明各区域内存在部分州市的家庭间接碳排放强度显著高于同一区域的其他州市。

5.1.4 云南省各区域家庭消费间接碳排放强度的收敛性

由 2012~2021 年云南省各区域家庭消费间接碳排放强度的 σ 收敛演变趋势可以看到（见图 5-2），从云南省整体来看，云南省家庭消费间接碳排放强度的整体变异系数在研究期间的均值为 0.352，整体呈现逐渐降低的趋势。从各区域来看，滇中和滇西北的变异系数高于云南省整体变异系数，滇西、滇西南和滇东南的变异系数则低于云南省整体变异系数。滇中和滇西北的变异系数分别由 2012 年的 0.572 和 0.547，降低至 2021 年的 0.468 和 0.453，降幅分别为 18.16% 和 17.16%，说明滇中和滇西北区域内的家庭消费间接碳排放强度存在 σ 收敛特征，与前述结论滇中和滇西北区域的家庭消费间接碳排放强度区域差异逐年减小一致。滇西和滇西南的变异系数分别由 2012 年的 0.128 和 0.296，降低至 2021 年的 0.094 和 0.266，降幅分别为 26.44% 和 10.23%，说明滇西和滇西南区域内的家庭消费间接碳排放强度也存在 σ 收敛特征，但是滇东南区域不呈现 σ 收敛特征。

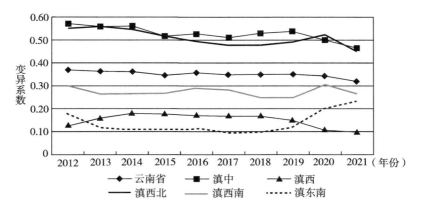

图 5-2　2012~2021 年云南省各区域家庭消费间接碳排放强度的 σ 收敛演变趋势

5.2　家庭消费碳排放与经济增长的脱钩分析

5.2.1　脱钩理论

通常来说，经济增长会导致碳排放量的增加，但是采用新的技术或实施有效的减排政策能够在较低的碳排放水平下获得更高水平的经济增长，这一过程称为脱钩。OECD 指出，脱钩就是阻断经济增长与环境污染之间联系的过程。为了让脱钩能够量化与方便测量，OECD 提出了脱钩指标来测量脱钩情况，脱钩指标的分子为环境压力变量，如二氧化碳排放量，分母则为经济驱动力变量，如 GDP 在环境压力的增长率小于经济驱动力的情形下便形成脱钩，脱钩指标反映了代表环境压力变量与经济驱动力变量之间的相对变化率，构成了完整的环境指标体系中的重要组成部分。度量经济增长与排放关系的脱钩指标可划分为两种模式：OECD 模式和 Tapio 模式。OECD 模式对应的是物质消耗总量与经济增长总量关系的研究，Tapio 模式是物质消耗强度的 IU 曲线研究，即 OECD 模式和 Tapio 模式分别是总量指标和强度指标，前者通常分析的是相关变量的总量，例如二氧化碳排放总量和 GDP，后者则是相关变量的比值，通过分析比值的变动来确定脱钩是否发生。脱钩可以分为绝对脱钩和相对脱钩。绝对脱钩是指当环境压力变量的增长率为稳定或递减，同时经济驱动力的增长率为递增时的情形；相对脱钩是指环境压力变量的增长率虽为正，但其增长幅度小于经济驱动力增长率的情形。以二氧化碳排放与经济增长为例，如果经济稳定增长而二氧化碳排放量反而减少则为绝对脱钩；如果经济增长率高于二氧化碳排放增长率则为相对脱钩。为衡量脱钩指标的变化，先建立脱钩指数与脱钩因子，若用 D 来表示脱钩指数，F 来表示脱钩因子，脱钩指数的计算式为：

$$D = \frac{EP_{t_i} / DP_{t_i}}{EP_{t_0} / DP_{t_0}} \qquad\qquad (5-3)$$

脱钩因子的计算式为：

$$F = 1 - D \qquad\qquad (5-4)$$

其中，EP 表示环境压力指标值（具体为碳排放量），DP 表示经济驱动力指标值（具体为 GDP）。再选定某一年作为基期年，例如以 1997 年（t_0）为基期年，令其指数为 100，以 2010 年（t_i）为终期年，直接计算终期年相对于基期年的脱钩因子变化值，即可看出两者呈现脱钩（脱钩因子为正，且其值接近 1），或是相对脱钩（脱钩因子为正，且其值接近 0），又或是无脱钩（脱钩因子为 0 或为负值）。

显然，该脱钩指标对基期年选定具有高度敏感性，在不同的基期年下，呈现迥然不同的结果；同时，该指标主要比较量的变化，并未能真实反映脱钩的情况。为了克服这两个局限，芬兰未来研究中心的特皮欧教授于 2005 年提出了脱钩弹性（Decoupling Elasticity）的概念，将脱钩指标再细分为连结、脱钩或负脱钩三种状态，再依据不同弹性值，进一步细分为弱脱钩、强脱钩、弱负脱钩、强负脱钩、增长负脱钩、增长连结、衰退脱钩与衰退连结八大类。特皮欧的研究使得脱钩指标体系进入了新阶段。该指标的优点在于对环境压力指标与经济驱动力指标的各种可能组合给出了合理的定位，可以较为清晰地定位政府环境策略绩效状态。

如果将 Tapio 脱钩弹性应用于经济增长与家庭消费碳排放量之间的脱钩关系，用 ε 代表脱钩弹性，则有：

$$\varepsilon = \frac{(EP_{t+1}-EP_t)/EP}{(EP_{t+1}-DP_t)/DP_t} \qquad (5-5)$$

其中，$t+1$ 表示当期，t 表示基期。

这个指标是以某一弹性值范围作为脱钩状态界定的，如弹性值 $0\sim0.8$ 为弱负脱钩，介于 $0.8\sim1.2$ 为衰退连结，具体脱钩情况如表 5-2 所示。

表 5-2　Tapio 脱钩指标弹性与等级对照

脱钩状态		ΔEP（ΔCO_2）	ΔDP（ΔGDP）	弹性 ε
连结	衰退连结	<0	<0	(0.8, 1.2)
	增长连结	>0	>0	(0.8, 1.2)
	衰退连结	<0	<0	(1.2, +∞)
脱钩	强脱钩	<0	>0	(-∞, 0)
	弱脱钩	>0	>0	(0, 0.8)
负脱钩	弱负脱钩	<0	<0	(0, 0.8)
	强负脱钩	<0	<0	(-∞, 0)
	增长负脱钩	>0	>0	(1.2, +∞)

显然，特皮欧在 OCED 脱钩体系的基础上将脱钩指标进行了细化，有效地避免了 OCED 模型基期选择的随意性而导致的偏差，提高了脱钩模型应用于脱钩关系测度的科学性和准确性。因此，Tapio 模型在经济增长与碳排放的脱钩关系中得到了更为广泛的应用。本书也基于 Tapio 模型分析云南省地区经济增长与家庭消费间接碳排放之间的脱钩关系。

5.2.2　变量选取与数据来源

本书所研究的样本数据为 $2012\sim2021$ 年云南省整体以及 16 个州市的家庭消费间接碳排放数据，对云南省家庭消费间接碳排放的测算考虑到家庭生活消费支出过程的非能源产品和服务消费，包含了云南省家庭生活中的衣、食、住、行、用全过程。家庭消费间接碳排放的产生来源于生活生产过程中的八大类消费：食品、衣着、居住、家庭设备用品、医疗保健、文教娱乐、交通通信和其他。本书对云南省家庭消费间接碳排放的测算结合了消费者生活方式方法和投入产出分析法，首先将八大类消费支出的单位产出碳排放强度进行测算，其次通过云南省家庭消费支出数据测算各类消费的家庭消费间接碳排放。

由于《云南统计年鉴》中对家庭消费支出的分类与云南省能源供给数量中的行业划分并非一一对应。因此，在进行计算之前，需要建立云南省八大家庭消费支出类型与各个生产行业之间的联系，因此，将云南省生产行业中的 23 个行业与八大家庭消费支出类型对应，所建立的对应关系在表 4-1 已经列出，进行各消费类型的碳排放强度计算。家庭间接碳排放相关的计算为：

$$DE_i = \frac{\sum_i^n DE_{i,\,n} \times 10^4}{\sum_i^n G_{i,\,n}} \tag{5-6}$$

$$CI_i = DE_i \times (I - A)^{-1} \tag{5-7}$$

$$E_{id} = \sum_i (CI_i \times EX_i \times 10^{-4}) \tag{5-8}$$

其中：DE_i 为与第 i 类家庭消费支出类型对应的相关行业的能源消耗直接碳排放强度（单位：吨二氧化碳/万元），用相关行业二氧化碳排放量与行业总产值之比表示；n 为家庭消费支出类型对应的相关行业部门个数，$DE_{i,n}$ 为与第 i 类家庭消费支出类型对应的第 n 个行业部门的二氧化碳排放量（单位：10^4 吨二氧化碳），$G_{i,n}$ 为与第 i 类家庭消费支出类型对应的第 n 个行业部门的产值（单位：万元）；A 为投入产出表的直接消耗系数矩阵，I 为与 A 阶数相同的单位矩阵，$(I-A)^{-1}$ 是完全需求系数矩阵，即 Leontief 逆矩阵；CI_i 为与第 i 类家庭消费支出类型对应的隐含碳排放强度（单位：吨二氧化碳/万元）；E_{id} 为家庭间接碳排放量（单位：吨二氧化碳），EX_i 为第 i 类家庭消费支出（单位：元），i 为对应的八类家庭消费支出类型。另外，云南省投入产出表数据在表 4-2 也已经给出，此处不再赘述。

5.2.3　家庭消费碳排放与经济增长的脱钩分析

根据式（5-1）、式（5-2）和式（5-3）可以计算 2012～2021 年云南省整体及各州市家庭消费间接碳排放的脱钩指数，并根据表 5-1，判断出云南省各州市的脱钩状态，具体结果如表 5-3 所示。

表 5-3　云南省各州市脱钩指数与脱钩状态

州市	2012~2016 年		2017~2021 年	
	脱钩指数	脱钩状态	脱钩指数	脱钩状态
昆明	0.73	弱脱钩	0.51	弱脱钩
曲靖	0.70	弱脱钩	0.48	弱脱钩
玉溪	0.69	弱脱钩	0.47	弱脱钩
保山	0.78	弱脱钩	0.53	弱脱钩
昭通	0.71	弱脱钩	0.50	弱脱钩
丽江	0.82	增长连结	0.56	弱脱钩
普洱	0.81	增长连结	0.54	弱脱钩
临沧	0.81	增长连结	0.55	弱脱钩
楚雄	0.71	弱脱钩	0.51	弱脱钩
红河	0.76	弱脱钩	0.47	弱脱钩
文山	0.75	弱脱钩	0.46	弱脱钩
西双版纳	0.79	弱脱钩	0.43	弱脱钩
大理	0.79	弱脱钩	0.44	弱脱钩
德宏	0.78	弱脱钩	0.46	弱脱钩
怒江	0.82	增长连结	0.51	弱脱钩
迪庆	0.83	增长连结	0.55	弱脱钩

由表 5-3 可知，2012～2016 年，云南省大部分地区家庭消费间接碳排放与经济增长之间的脱钩弹性指标小于 0.8，其脱钩关系处于弱脱钩状

态，表明云南省大部分地区的家庭消费间接碳排放增长速度慢于经济增长速度，减排压力并不大；丽江、普洱、临沧、怒江和迪庆的家庭消费间接碳排放与经济增长之间的脱钩弹性指标大于 0.8，其脱钩关系处于增长连结状态，表明这些州市的家庭消费间接碳排放增长速度快于经济增长速度，减排压力较大，这些地区的经济发展速度与云南省其他州市相比较快，依赖能源投入支持经济增长。

2017~2021 年，丽江、普洱、临沧、怒江和迪庆家庭消费间接碳排放与经济增长之间的脱钩弹性指标均发生了下降，且都小于 0.8，丽江、普洱、临沧、怒江和迪庆家庭消费间接碳排放与经济发展之间的脱钩关系也成为了弱脱钩状态，这个时期，云南省 16 个州市的家庭消费间接碳排放与经济发展之间的脱钩弹性指标均小于 0.8，脱钩关系均处于弱脱钩状态。这与我国在此期间把节能减排作为调整经济结构、转变发展方式的重要抓手有着密切的关系，云南省家庭消费间接碳排放与经济发展之间的脱钩关系全部由增长连结状态变成弱脱钩状态，且脱钩弹性下降幅度大，说明云南省 16 个州市的地区经济发展的增长速度快于家庭消费间接碳排放的增长速度，减排成效显著。

从 2012~2021 年云南省家庭消费间接碳排放与经济发展之间脱钩关系状态的变动可以发现，家庭消费间接碳排放与经济发展之间的脱钩关系在丽江、普洱、临沧、怒江和迪庆五个州市由增长连结状态变成弱脱钩状态，且脱钩弹性下降幅度较大，说明云南省 16 个州市各地区认真贯彻落实党中央、国务院的决策部署，采取了有力措施，切实加大了减排工作力度，基本实现了环境规划确定的节能减排约束性目标，节能减排工作成效显著。

第6章　家庭消费碳排放地区异质性影响因素分析

通过前文可以发现，云南省 16 个州市的家庭消费间接碳排放总量、碳排放强度和人均碳排放量在不同区域存在着较大差异，且云南省不同州市的经济发展、经济增长速度与家庭消费间接碳排放的关系也各不相同。云南省家庭消费间接碳排放的变化受哪些因素驱动？云南省 16 个州市的家庭消费间接碳排放强度变化与云南省整体家庭消费间接碳排放强度变化是否保持一致？不同州市家庭消费间接碳排放强度差异性表现的主导因素是否有所不同？本章将对这些问题逐一进行研究。本章基于 KAYA 恒等式的碳排放强度拓展模型，采用 LMDI 分解法对 2012~2021 年云南省家庭消费间接碳排放强度的变化进行分解，分析人口规模效应、经济发展效应、能源消费强度效应和能源结构强度效应等因素对碳排放强度的动态影响；在此基础上，利用夏普里（Shapley）值的回归方程分解方法，对 2012~2021 年云南省 16 个州市和五大区域家庭消费间接碳排放的影响因素进行了定量分解。通过对云南省 16 个州市和五大区域家庭消费间接碳排放影响因素的分解，不仅能够加深对云南省家庭消费间接碳排放影响因素的系统认识，而且对于动态考察云南省家庭消费间接碳排放主要影响因素的动态演化，并据此因地制宜地制定符合地区经济发展的环境政策具有重要意义。

6.1 家庭消费碳排放地区差异影响因素的分解分析

6.1.1 模型和方法

6.1.1.1 基于KAYA恒等式的碳排放强度拓展模型

家庭消费间接碳排放强度是家庭消费间接碳排放总量与GDP的比值。将KAYA恒等式 $C = \dfrac{C}{E} \times \dfrac{E}{GDP} \times \dfrac{GDP}{P} \times P$ 进行扩展，则KAYA恒等式的家庭消费间接碳排放强度拓展模型可以用式（6-1）表示：

$$CI = \sum_{ij} \frac{G_i}{GDP} \times \frac{E_i}{G_i} \times \frac{E_{ij}}{E_i} \times \frac{C_{ij}}{E_{ij}} \qquad (6-1)$$

其中，i表示产业；j表示一次性能源消费种类；C_{ij}表示第i产业第j种能源消费引起的二氧化碳排放；G_i表示第i产业增加值；E_i和E_{ij}分别表示第i产业的能源消费总量和第i产业第j种能源的消费量。

设 $S = \dfrac{G_i}{GDP}$，表示第i产业占国民经济的比重，代表产业结构；$R = \dfrac{E_i}{G_i}$，表示单位产值的耗能量，代表能源强度；$T = \dfrac{E_{ij}}{E_i}$，表示第i产业第j种能源占产业一次性能源消费的比重，代表能源结构；$A = \dfrac{C_{ij}}{E_{ij}}$，表示各能源的二氧化碳排放系数。则KAYA恒等式的碳排放强度拓展模型可以表示为：

$$CI = S \times R \times T \times A \qquad (6-2)$$

根据简化模型式（6-2）可以看出，家庭消费间接碳排放强度受人口规模效应、经济发展效应、能源强度效应、能源结构效应和各能源的二氧化碳排放系数的影响。

6.1.1.2 LMDI 分解方法

LMDI 的基本原理：对数平均权重分解法（LMDI）具有全分解、无残差、易使用的特点，同时 LMDI 分解法解决了传统 Divisia 法中的"0"值问题，加法模型和乘法模型的分解结果具有一致性、唯一性和易理解等优点。这种方法适合分解含有较少因素、包含时间序列数据的模型，近年来成为广泛应用的方法。很多学者运用 LMDI 分解方法对中国碳排放进行了分解。因此本书也采用这种方法构建家庭消费间接碳排放强度模型并分解出影响因素。LMDI 的基本原理如下：

假设变量 Z 受 n 个因素影响，即 $Z = x_1, x_2, x_3, \cdots, x_n$，那么在时间段 $[0, t]$ 内，变量 Z 的变化量 ΔZ 可以用加法分解为：

$$\Delta Z = Z^t - Z^0 = \Delta Z_{x1} + \Delta Z_{x2} + \cdots + \Delta Z_{xn} \tag{6-3}$$

用乘法将变化率进行分解：

$$D = \frac{Z^t}{Z^0} = D_{x1} \times D_{x2} \cdots D_{xn} \tag{6-4}$$

加法分解和乘法分解可以进行相互转化，即 $\Delta Z_{xn} / \Delta Z = \ln D_{xn} / \ln D$，所以只需要选择其中的一种分解方法就可以。

家庭消费间接碳排放强度 LMDI 分解模型：将基期和报告期 t 的家庭消费间接碳排放强度差异用乘法分解和加法分解为：

$$D = D_y \times D_s \times D_R \times D_t \times D_A \tag{6-5}$$

$$\Delta I = CI_t - CI_t = \Delta I_y + \Delta I_S + \Delta I_R + \Delta I_T + \Delta I_A \tag{6-6}$$

鉴于乘法分解和加法分解的一致性，本书只采用加法进行分解。式（6-6）中，ΔI_y、ΔI_S、ΔI_R、ΔI_T 和 ΔI_A 分别表示家庭消费间接碳排放强度变化总量经济水平变化总量、能源消费结构效应、能源强度效应、能源结构变化和碳排放系数变化对碳排放强度变化的贡献值，其中 $\Delta I_A = 0$。为了下文表达方便将 ΔI_y、ΔI_S、ΔI_R 和 ΔI_T 分别称为经济增长效应、人口规模效应、能源强度效应和能源结构效应，可用式（6-7）至式（6-10）计算得到。人口规模效应包括人口增加值和人口年龄比例等对家庭消费间接碳排放强度的影响；能源强度效应主要是指由于技术的发展提高了能源效率进而减少了单位产值能源消费和家庭消费间接碳排放；能源结构效应是指改变能源结构带来的家庭消费间接碳排放强度变化，如增加清洁能源和新型能源的使用比例可以减少家庭消费间接碳排放强度。

$$\Delta I_Y = \sum_{ij} L(W_{ij}^t, W_{ij}^{t-1}) \times \ln\left(\frac{Y_i^t}{Y_i^{t-1}}\right) \tag{6-7}$$

$$\Delta I_S = \sum_{ij} L(W_{ij}^t, W_{ij}^{t-1}) \times \ln\left(\frac{S_i^t}{S_i^{t-1}}\right) \tag{6-8}$$

$$\Delta I_R = \sum_{ij} L(W_{ij}^t, W_{ij}^{t-1}) \times \ln\left(\frac{R_i^t}{R_i^{t-1}}\right) \tag{6-9}$$

$$\Delta I_T = \sum_{ij} L(W_{ij}^t, W_{ij}^{t-1}) \times \ln\left(\frac{T_i^t}{T_i^{t-1}}\right) \tag{6-10}$$

完全分解模型基本原理：完全分解模型整个系统的变化是由系统内各个因素共同作用的结果，并且基于"共同导致、平等分配"的原则分解剩余项。

假设变量 Z 是由变量 x 和变量 y 共同决定的，即 $Z = x \times y$，在时间段 [0, t] 内，变量 Z 的变化量 Δ 可以表示为：

$$\Delta Z = Z^t - Z^0 Z = x^t y^t - x^0 y^0 = (x^t - x^0) y^0 + (y^t - y^0) x^0 + (x^t - x^0)(y^t - y^0)$$

$$= \Delta x \times y^0 + \Delta y \times x^0 + \Delta x \Delta y \tag{6-11}$$

$\Delta x \times y^0$ 和 $\Delta y \times x^0$ 分别表示变量 x 和变量 y 的变化对 ΔZ 的贡献；$\Delta x \Delta y$ 是模型中的剩余项，其贡献来自 x 和 y 两个因素共同的变化，当没有相反假设的理由时，完全分解模型坚持的基本思想是按照"共同导致、平等分配"的原则来分解剩余项，就把剩余项平均分配到 x 的贡献和 y 的贡献，则两个因素的贡献分别为：

$$x_{effect} = \Delta x \times y^0 + \frac{1}{2} \Delta x \Delta y \tag{6-12}$$

$$y_{effect} = \Delta y \times x^0 + \frac{1}{2} \Delta x \Delta y \tag{6-13}$$

如果是三因素模型，将余项平均分配到三个因素上，以此类推，则三个因素的贡献分别为：

$$x_{\text{effect}} = \Delta x \times y^0 \times z^0 + \frac{1}{2}\Delta x\left(\Delta y \times z^0 + \Delta z \times y^0\right) + \frac{1}{3}\Delta x \Delta y \Delta z \qquad (6-14)$$

$$y_{\text{effect}} = \Delta y \times x^0 \times z^0 + \frac{1}{2}\Delta y\left(\Delta x \times z^0 + \Delta z \times x^0\right) + \frac{1}{3}\Delta x \Delta y \Delta z \qquad (6-15)$$

$$z_{\text{effect}} = \Delta z \times x^0 \times y^0 + \frac{1}{2}\Delta z\left(\Delta x \times y^0 + \Delta y \times x^0\right) + \frac{1}{3}\Delta x \Delta y \Delta z \qquad (6-16)$$

邱寿丰（2008）从省级行政区、东中西部区域以及经济组别对中国能源强度的变化进行分解分析。王迪和聂锐（2012）采用完全分解模型，分解出能源消费总量、能源投入结构与技术进步等因素对经济增长的影响作用，其中能耗对经济增长起到主导作用，技术进步对经济增长的影响呈现波动性增长趋势。根据这些研究启示，本书将完全分解模型应用到云南省家庭消费间接碳排放强度的州市分解之中。

家庭消费间接碳排放强度完全分解模型：由于发展历史等方面的原因，云南省家庭消费能源种类之间和各州市发展程度存在很大的差异。为了更好地分析云南省家庭消费能源种类和各州市家庭消费间接碳排放强度对云南省总体家庭消费间接碳排放强度的影响情况以及各州市家庭消费间接碳排放强度的差异，本节采用完全分解模型，从州市层面分解出云南省家庭消费间接碳排放强度变化的地区经济效应和效率效应。碳排放强度 I 可以通过式（6-17）计算，其中，C_n 表示第 n 个州市的家庭消费间接碳排放量，I_n 表示第 n 个州市的家庭消费间接碳排放强度，G_n 表示第 n 个州市的生产总值，$Y_n = G_n/G$ 表示第 n 个州市的 GDP 占云南省 GDP 的比重。

$$I = \frac{C}{G} = \frac{\sum_n C_n}{G} = \frac{\sum_n I_n G_n}{G} = \sum_n I_n Y_n \qquad (6-17)$$

由式（6-17）可知，家庭消费间接碳排放强度变化是由两个方面因素共同决定的：一方面，在经济发展水平（各州市 GDP 占云南省 GDP 比重）保持不变的情况下，该州市因自身家庭消费间接碳排放强度变化而带来的云南省家庭消费间接碳排放强度变化，本书为"州市家庭消费间接碳排放强度变化效应"，简称"碳排放强度效应"；另一方面，各州市在自身家庭消费间接碳排放强度水平保持不变的情况下，由于经济产值占云南省整体比例变化带来的家庭消费间接碳排放强度变化情况，体现了经济增长对碳排放强度变化的影响作用，本书为"州市经济占比变化效应"，简称"结构效应"。

此时，碳排放强度的变化量 $\Delta I = \sum_n I_n^t Y_n^t - \sum_n I_n^0 Y_n^0$，根据完全分解模型，可将 ΔI 进一步分解为：

$$\Delta I = \sum_n I_n^0 (Y_n^t - Y_n^0) + \sum_n Y I_n^0 (I_n^t - I_n^0) + \sum_n (I_n^t - I_n^0)(Y_n^t - Y_n^0) \tag{6-18}$$

其中，$\sum_n (I_n^t - I_n^0)(Y_n^t - Y_n^0)$ 为分解余值，余值主要取决于两因素共同变化的作用，可以平均分配到两个因素的贡献上。因此可进一步分解得各州市的结构效应（r_{eco}）和碳排放强度变化效应（r_{tec}）。

$$r_{eco} = \sum_n I_n^0 (Y_n^t - Y_n^0) + \frac{1}{2} \sum_n (I_n^t - I_n^0)(Y_n^t - Y_n^0) \tag{6-19}$$

$$r_{tec} = \sum_n Y_n^0 (I_n^t - I_n^0) + \frac{1}{2} \sum_n (I_n^t - I_n^0)(Y_n^t - Y_n^0) \tag{6-20}$$

6.1.2　数据来源

本书所研究的样本数据为 2012~2021 年云南省整体以及 16 个州市的家庭消费间接碳排放数据，对云南省家庭消费间接碳排放的测算考虑到家庭生活消费支出过程的非能源产品和服务消费，包含了云南省家庭生活中的衣、食、住、行、用全过程。家庭消费间接碳排放的产生来源于生活生产过程中的八大类消费：食品、衣着、居住、家庭设备用品、医疗保健、文教娱乐、交通通信和其他。本书对云南省家庭消费间接碳排放的测算结合了消费者生活方式方法和投入产出分析法，首先将八大类消费支出的单位产出碳排放强度进行测算，其次通过云南省家庭消费支出数据测算各类消费的家庭消费间接碳排放。

由于历年《云南统计年鉴》中对家庭消费支出的分类与云南省能源供给数量中的行业划分并非一一对应。因此，在进行计算之前，需要建立云南省八大家庭消费支出类型与各个生产行业之间的联系，因此，将云南省生产行业中的 23 个行业与八大家庭消费支出类型对应，所建立的对应关系在表 4-1 已经列出，进行各消费类型的碳排放强度计算。前文中已经进行了阐述，这里我们不再赘述。

6.1.3　家庭消费碳排放地区异质性影响因素分解

根据 LMDI 加法分解方法，对西部地区 2012~2021 年家庭消费间接碳排放强度因素进行分解，根据公式（6-7）至式（6-10）可以计算出分解结果，如表 6-1 所示。

表 6-1　2012~2021 年云南省家庭消费间接碳排放强度影响因素分解表

年份	碳排放强度变化（吨/万元）				贡献率（%）			
	经济增长	人口规模	能源强度	能源结构	经济增长	人口规模	能源强度	能源结构
2012	1.945	0.765	−0.093	−0.176	87.866	34.678	−74.567	−43.254
2013	1.876	0.736	−0.094	−0.192	86.877	37.789	−78.635	−47.786
2014	1.857	0.674	−0.086	−0.187	85.743	36.576	−76.235	−40.698
2015	1.538	0.665	−0.078	−0.178	83.262	41.456	−71.986	−37.789
2016	1.367	0.687	−0.075	−0.166	73.745	42.343	−68.687	−35.77
2017	1.678	0.745	−0.079	−0.095	86.545	45.789	−64.786	−33.346
2018	1.233	0.634	−0.084	−0.155	70.876	46.789	−70.237	−34.588
2019	1.078	0.638	−0.067	−0.153	67.777	47.786	−68.798	−30.674
2020	0.978	0.567	−0.068	−0.167	75.233	48.789	−69.376	−29.678
2021	0.943	0.524	−0.086	−0.178	76.265	49.454	−65.387	−29.333
合计	14.493	6.635	−0.81	−1.647	794.189	431.449	−708.694	−362.916

总体而言，2012~2021 年云南省家庭消费间接碳排放的主要驱动力为经济增长、人口规模、能源强度和能源结构。且在不同阶段对碳排放的影响大小不同，作用强度也有所区别。

第一，经济持续增长是云南省家庭消费间接碳排放增长的最主要原因。

经济增长效应累计贡献率最高，高达794.189%，且累计贡献值最大，经济增长导致云南省家庭消费间接碳排放强度增加了14.493吨/万元，2012～2021年，云南省GDP为17232.394亿元，经济增长导致家庭消费间接碳排放增加1740.012万吨，表明经济增长是造成家庭消费能源消耗和家庭消费间接碳排放量快速增加的主要因素。2012～2021年，经济增长效应始终为正值，呈现上升趋势，到2016年导致家庭消费间接碳排放增加837.542万吨，到2021年经济增长导致家庭消费间接碳排放增加1740.012万吨，说明经济增长对家庭消费间接碳排放的拉动作用在逐年增加。另外，2012～2021年，云南省16个州市的人均GDP总值在不断上升，消除通货膨胀后的实际GDP从2012年的36778.26亿元增加到2021年的114086.22亿元，增长率为210.2%，年均增长率为10.84%。同时，该阶段家庭消费间接碳排放增长率为52.73%，表明云南省经济持续增长是导致家庭能源消费碳排放增加的最主要原因。经济发展需要能源投入，但能源消费会产生碳排放，故发展经济必定导致碳排放的增加。根据环境库兹涅茨曲线可知，在经济发展初期，经济发展带来较高的碳排放，但当经济发展到一定程度时，碳排放达到峰值，之后随着经济的继续发展碳排放数量将会下降。显然，云南省16个州市的经济发展远落后于发达国家，仍处在库兹涅茨曲线的左端，即经济发展带来较高数量的家庭消费间接碳排放。

第二，人口规模增长是云南省家庭消费间接碳排放增长的重要原因。

由表6-1可知，2012～2021年，云南省人口规模变化是在显著增长的，但从总体来看，人口规模的增长对碳减排效果并不显著，人口规模的增长调整对家庭消费间接碳排放的总体影响呈现先增加再减少后增加的趋势，且人口规模效应的家庭消费间接碳减排总效应为正值，人口规模的调整使云南省家庭消费间接碳排放强度增加了0.584吨/万元，累计贡献度为431.499%。从时间维度来看，云南省人口规模效应对家庭消费间接碳排放强度的影响呈现出下降的特征。2012~2021 年，云南省人口规模效应均为正，说明在这期间，云南省的人口规模增长速度较快，家庭消费间接碳排放不断增加。2016~2021 年，人口规模效应均为正，说明在这期间人口规模的增加调整增加了家庭消费间接碳排放总量。2017~2021 年，产业结构效应同样为正，说明在这期间，云南省的人口规模调整有利于家庭消费间接碳排放强度降低的方向进行调整。

第三，能源强度下降对家庭能源消费碳排放的减少起主导作用。

能源强度效应累计贡献率达-708.694%，说明云南省 16 个州市的能源强度变化有利于减少家庭能源消碳排放量。由表 6-1 可知，研究期间云南省能源强度效应在 2012~2021 年均为负值。能源强度的下降导致云南省家庭消费间接碳排放强度大幅下降。能源强度下降抑制了碳排放的增长。说明随着经济的发展，云南省的能源利用效率也在不断提高。能源强度会受到多种因素的综合影响，比如能源结构、人口规模、居民消费习惯以及技术水平等。但是，在短期内，能源结构、居民消费习惯等都难以改变，因此能源强度下降的主要因素应该是技术水平的提高。

第四，能源结构变动也是抑制云南省家庭消费间接碳排放的主导因素之一。

由表 6-1 可知，2012~2021 年，能源结构变化促使云南省家庭消费间接碳排放强能源结构效应累计贡献率为-362.916%。能源结构变动对家庭能源消费碳排放的影响在研究期间内均为负值，相对于基期（2012 年）而言，其他所有年份的能源结构效应为负值，说明云南省的能源结构的变动一直都能够抑制家庭消费能源碳排放，均有利于家庭消费间接碳排放的减少，说明能源结构的调整对家庭消费间接碳排放强度的降低一直起着积极作用，同时也表明我国政府近年来积极调整能源结构取得了一定的成效。2000 年后，西部地区积极开发利用可再生能源以及实施"煤改电"等能源政策，能源结构不断优化。其中，煤炭消费占比由 2000 年的 58.65%下降到 2014 年的 48.16%，而天然气和电力消费占比不断上升。从总的调整效果来看，能源结构效应远远低于能源强度效应，这也说明了我国能源结构调整的空间还很大。因此，对云南省 16 个州市来说，减少煤炭、石油等化石能源的使用，加快风电、核电等非化石能源的发展，提高风能、水能、太阳能等可再生能源的使用比例，降低能源结构效应的数值，促进能源结构向抑制能源碳排放的方向转变，是今后降低家庭能源消费碳排放的必要措施。

不论从总效应来看还是从各个时期来看，能源强度效应对云南省家庭消费间接碳减排的作用最大，减排的贡献值也最高，但是，云南省人口规模效应也扮演着重要角色。主要原因是我国正处于能源消费优化阶段，能源结构变迁的速度相对较慢，能源结构调整的正面影响尚未完全体现出来，而节能减排技术的作用尤为明显，因此能源强度抑制效应明显，其效应取决于经济结构效应和家庭能源消费碳排放强度变化效应的共同作用。

6.2 云南省家庭消费碳排放地区异质性影响因素的实证分析

6.2.1 模型的设定与数据来源

根据 KAYA 恒等式和 LMDI 模型的实证分析，家庭消费间接碳排放主要会受到经济发展水平、能源强度效应、能源结构效应和人口规模等重要因素的影响，同时，能源结构、能源效率以及产业结构之间也存在较为密切的联系（林伯强和蒋竺均，2009；王锋等，2010；田立新和张蓓蓓，2011；许士春等，2012；仲云云和仲伟周，2012）。除此之外，还有一些影响因素，如经济水平、国际贸易和城市化水平也会影响碳排放水平（林伯强等，2012）。

根据已有研究，将上述涉及的影响因素纳入模型，采用如下计量模型求家庭消费间接碳排放的影响因素：

$$C = \alpha_1 YI_{it} + \alpha_2 IS_{it} + \alpha_3 ES_{it} + \alpha_4 EI_{it} + \alpha_5 PD_{it} + \alpha_6 OP_{it} + \alpha_7 CI_{it} + \varepsilon \qquad (6-21)$$

其中，C 表示家庭消费间接碳排放度量指标，分别用家庭消费间接碳排放强度（GCO_2）和人均家庭消费间接碳排放量（PCO_2）表示。YI 为经济发展水平，用人均 GDP 表示，PS 为人口规模效应，ES 为能源结构，EI 为能源强度，PD 为人口密集度，OP 为对外开放程度，CI 为城镇化水平，ε 为随机扰动项。相关变量的说明如表 6-2 所示。

表 6-2　主要变量及其说明

变量名称	变量符号	变量定义
家庭消费间接碳排放强度	GCO_2	家庭消费间接碳排放总量/GDP
人均家庭消费间接碳排放量	PCO_2	家庭消费间接碳排放总量/总人口
经济发展水平	YI	年末 GDP/年末总人口
人口规模	PS	地区总人口
能源结构	ES	石化能源消耗/总能源消耗
能源强度	EI	能源消费总额/GDP
人口密集度	PD	地区总人口/总占地面积
对外开放程度	OP	进出口贸易总额/GDP
城镇化水平	CI	非农业户口人口/总人口
技术水平	TI	受教育年限

本书的实证研究的样本区间为 2012~2021 年。以国际上普遍认可的 IPCC 2006 年编制的《国家温室气体清单指南》中碳排放的测算方法为指导，利用《中国能源统计年鉴》《中国地区投入产出表》《云南统计年鉴》《云南调查年鉴》中的相关数据，为了避免检验组内异方差、组内自相关及截面自相关等问题，得到更好的估计结果，本书使用了三种建模方法以及不同的估计方法：固定效应模型（FE）、随机效应模型（RE）和可行性最小二乘法（FGLS）进行回归分析。

6.2.2 实证结果分析

6.2.2.1 云南省家庭消费间接碳排放影响因素回归结果分析

为了得到更好的估计结果，本书使用了三种建模方法以及不同的估计方法：固定效应模型（FE）、随机效应模型（RE）和可行性最小二乘法（FGLS），估计及检验结果如表6-3所示。

表6-3 云南省家庭消费间接碳排放影响因素回归结果

被解释变量	PCO_2			GCO_2		
估计方法	FE	RE	FGLS	FE	RE	FGLS
YI	0.0352** (2.76)	0.0379** (3.28)	0.0467** (4.78)	−0.0352** (−4.23)	0.0352** (4.97)	−0.0352** (−23.46)
PS	0.0224** (7.56)	0.0322** (6.54)	0.0214** (8.45)	0.0222** (4.64)	0.0123** (6.76)	0.0143** (8.55)
ES	−0.0002*** (1.76)	−0.0002*** (−1.43)	−0.0001*** (−2.32)	−0.0023*** (−1.75)	−0.0043*** (−2.85)	−0.0031*** (−3.81)
EI	−0.0006*** (−1.15)	−0.0009*** (−1.25)	−0.0042*** (−2.61)	−0.0007*** (−3.32)	−0.0002*** (−3.42)	−0.0021*** (−1.23)
PD	0.0045*** (3.21)	0.0028*** (2.16)	0.0034*** (4.41)	0.0029*** (2.42)	0.0064*** (3.17)	0.0052*** (4.16)
OP	0.0234** (4.43)	0.0234** (5.18)	0.0018*** (5.53)	0.0328** (3.18)	0.0427** (4.15)	0.0276** (5.16)
CI	0.0254** (3.16)	0.0352** (4.63)	0.0333** (2.18)	0.0426** (2.16)	0.0378** (5.32)	0.0418** (2.12)
Wald 检验	324.52***	324.52***	324.52***	98.67***	98.67***	98.67***
Woolridge 检验	29.32***	29.32***	29.32***	19.97***	19.97***	19.97***
Frideman 检验	3.78***	3.78***	3.78***	5.29***	5.29***	5.29***
调整后的 R^2	0.7823	0.6437	0.7693	0.5378	0.6735	0.3782
联合显著检验	67.38***	223.78***	354.84***	43.65***	222.37***	264.92***
AIC	−72.46	−77.72	−66.82	−46.82	−52.17	−63.36
SIC	−34.76.	−36.27	−28.99	−34.38	−19.89	−37.54

注：所有解释变量的联合显著性检验在 FE 模型中为 F 检验，在采用 RE 检验模型和 FGLS 时为 Wald 检验；括号中为 Z 统计值；***、**和*分别表示在1%、5%和10%的水平上显著。

从表6-3的云南省家庭消费间接碳排放影响因素回归结果实证检验结果中我们可以看出，经济发展、人口规模、能源结构、能源强度、人口密集度、对外开放程度和城镇化水平都会引起云南省家庭消费间接碳排放量的变化。以人均家庭消费间接碳排放量中的固定效应回归结果为例，当经济发展、人口规模、能源结构、能源强度、人口密集度、对外开放程度和城镇化水平中的某一个影响因素发生1%的变动时，分别会引起云南省家庭消费间接碳排放发生 3.52%、2.24%、−0.23、−0.07%、0.45%、2.34%和2.54%的变化。其中，经济发展、人口规模、人口密集度、对外开放程度和城镇化水平这五个因素对云南省家庭消费间接碳排放起着促进作用；而能源结构和能源强度则起着抑制云南省家庭消费间接碳排放的作用。在影响云南省家庭消费间接碳排放的七个因素中，首先是经济发展水平对促进碳排放的作用最大，其次是人口规模、对外开放程度，人口密集度对促进云南省家庭消费间接碳排放影响较小；在抑制云南省家庭消费间接碳排放的影响因素中，能源结构调整对家庭消费间接碳排放的影响最大，能源效率的调整相对而言对碳排放的抑制作用较小。同样，以家庭消费间接碳排放强度为被解释变量时，当经济发展、人口规模、能源结构、能源强度、人口密集度、对外开放程度和城镇化水平中的某一个影响因素发生1%的变动时，分别会引起云南省家庭消费间接碳排放强度发生3.52%、2.22%、−0.02、−0.06%、0.29%、3.28%和4.26%的变化。其中，经济发展、人口规模、人口密集度、对外开放程度和城镇化水平这五个因素对云南省家庭消费间接碳排放强度起着促进作用；而能源结构和能源强度则起着抑制云南省家庭消费间接碳排放强度的作用。在影响云南省家庭消费间接碳排放强度的七个因素中，首先是经济发展水平对促进碳排放强度的作用最大，其次是人口规模、对外开放程度，人口密集度对促进云南省家庭消费间接碳排放强度影响较小；在抑制云南省家庭消费间接碳排放强度的影响因素中，能源结构调整对家庭消费间接碳排放强度的影响最大，能源效率的调整相对而言对碳排放强度的抑制作用较小。同样地，利用其他两种回归方式进行回归时，得出的结论基本一致。同时，无论是静态面板模型还是动态面板模型，系数的差距并不大，说明了回归结果有较高的稳健性。

6.2.2.2　云南省五大区域家庭消费间接碳排放影响因素的回归结果分析

根据云南省家庭消费间接碳排放的聚类分析，将云南省的 16 个州市划分成五个重要发展区域：滇中、滇西、滇西北、滇西南、滇东南。其中，滇中区域包括昆明、玉溪、楚雄、曲靖、昭通五大城市，地理位置居于云南省中部，交通位置较好，经济发展水平高于其他区域州市，滇西北区域包括迪庆、丽江、怒江三大城市，地理位置居于云南省西北部边缘，人口较少且交通不便。滇西区域包括大理、德宏和保山，滇东南区域包括文山和红河，滇西南区域包括西双版纳、普洱和临沧。相应数据按照上述五大区域进行汇总处理后，依据相应变量的定义重新进行计算。表 6-4 展示了以人均碳排放量（PCO_2）为被解释变量的五大区域家庭消费间接碳排放影响因素的回归结果。

表 6-4　云南省家庭消费间接碳排放影响因素的回归结果（PCO_2）

变量	滇中	滇西	滇西北	滇西南	滇东南
YI	0.0486 ** (2.67)	0.0432 ** (4.53)	0.0231 ** (3.74)	0.0364 ** (3.69)	0.0460 ** (2.18)
PS	0.0470 ** (9.43)	0.0430 ** (3.37)	0.0244 ** (5.70)	0.0387 ** (4.38)	0.0458 ** (2.50)
ES	−0.0467 ** (−7.42)	−0.0410 ** (−5.74)	−0.0247 ** (−3.36)	−0.0333 ** (−5.27)	−0.0436 ** (−2.40)
EI	−0.0444 ** (−7.57)	−0.0374 ** (−3.40)	−0.0278 ** (−2.42)	−0.0317 ** (−4.37)	−0.0367 ** (−3.46)
OP	0.0342 ** (3.59)	0.0285 ** (4.73)	0.0210 ** (5.18)	0.0244 ** (1.43)	0.0311 ** (4.17)
PD	0.0338 ** (6.15)	0.0259 ** (5.41)	0.0322 ** (2.15)	0.0147 ** (7.12)	0.0297 ** (2.12)
CI	0.0399 ** (2.46)	0.0311 ** (3.33)	0.0213 ** (4.17)	0.0274 ** (2.19)	0.0355 ** (4.44)

续表

变量	滇中	滇西	滇西北	滇西南	滇东南
常数项	0.0470 ** (1.86)	0.0038 * (1.32)	0.0078 (4.13)	0.0150 * (5.31)	0.1154 (3.46)
Wald 检验	352.52 ***	352.52 ***	352.52 ***	352.52 ***	352.52 ***
Woolridge 检验	21.26 ***	21.26 ***	21.26 ***	21.26 ***	21.26 ***
Frideman 检验	2.19 ***	2.19 ***	2.19 ***	2.19 ***	2.19 ***
调整后的 R^2	0.5637	0.1637	0.7233	0.6673	0.6175
联合显著检验	6.19 ***	232.28 ***	317.35 ***	41.22 ***	212.54 ***
AIC	−69.21	−71.78	−61.39	−41.25	−51.28
SIC	−33.70	−22.21	−26.10	−31.22	−11.82

注：所有解释变量的联合显著性检验在 FE 模型中为 F 检验，在采用 RE 检验模型和 FGLS 时为 Wald 检验；括号中为 Z 统计值；***、** 和 * 分别表示在 1%、5% 和 10% 的水平上显著。

由表 6-4 可知，当以人均家庭消费间接碳排放量为被解释变量时，经济发展、人口规模、能源结构、能源强度、人口密集度、对外开放程度和城镇化水平都会引起云南省五大区域的家庭消费间接碳排放量的变化，但影响幅度并不相同。经济增长对滇中、滇西、滇西北、滇西南和滇东南区域家庭消费间接碳排放的影响分别为 0.0486、0.0432、0.0231、0.0364 和 0.0460，经济增长对滇中区域家庭消费间接碳排放的正向促进作用最大，对滇西北区域家庭消费间接碳排放的影响最小，对滇东南、滇西和滇西南区域的家庭消费间接碳排放影响依此居于中间位置。人口规模调整对滇中区域和滇西北区域家庭消费间接碳排放的影响效应分别为 4.70% 和 2.44%，人口规模效应对滇中区域家庭消费间接碳排放的正向促进作用最大，对滇西北区域家庭消费间接碳排放的影响最小。能源结构和能源强度对云南省五大区域的家庭消费间接碳排放都起到了负向的减缓作用，相对而言，对滇中区域的作用更强些，对滇东南、滇西和滇西南区域的家庭消费间接碳排放影响次之，对滇西北区域的作用最小，其中，能源结构效应对滇中区域和滇西北区域家庭消费间接碳排放的影响效应分别为-4.67%和-2.47%，能源强度效应对滇中区域和滇西北区域家庭消费间接碳排放的影响效应分别为-4.44%和-2.78%。对外开放程度、人口密集度和城镇化水平强化了云南省家庭消费间接碳排放水平，从作用程度来看，对滇中区域、滇东南区域和滇西区域家庭消费间接碳排放的影响更大，对滇西南区域和滇西北区域的影响相对较小。另外，本章进一步对云南省家庭消费间接碳排放强度作为解释变量的五大区域家庭消费间接碳排放影响因素进行回归，结果显示，当以家庭消费间接碳排放强度为被解释变量时，经济发展、人口规模、能源结构、能源强度、人口密集度、对外开放程度和城镇化水平都会引起云南省五大区域的家庭消费间接碳排放量的变化，影响幅度和影响程度与被解释变量为人均碳排放量结论基本一致。

本章从地区差异的角度研究云南省家庭消费间接碳排放的影响因素，对于实现云南省16个州市环境协同治理具有重要的理论意义及实践意义。本章基于 KAYA 恒等式的碳排放强度拓展模型，采用 LMDI 分解法对 2012~2021 年云南省家庭消费间接碳排放强度的变化进行分解，分析了经济发展、人口规模、能源结构、能源强度、对外开放程度、人口密集度和城镇化水平等因素对家庭消费间接碳排放强度的动态影响程度。在此基础上，进一步利用回归方程分解方法，从云南省省域视角对云南省五大区域 2012~2021 年家庭消费间接碳排放的影响因素进行了定量解释。

本章研究发现，经济发展是云南省家庭消费间接碳排放增长的最为重要的驱动因素，能源效率和能源结构调整是抑制云南省家庭消费间接碳排放增长的主要因素。此外，人口规模变动对家庭消费间接碳排放强度的作用也具有很大程度的影响，对于云南省不同州市的家庭消费间接碳排放的影响虽有所差别，但总体上促使了云南省家庭消费间接碳排放强度的增加。从云南省16个州市情况来看，云南省16个州市的家庭消费间接碳排放强度的影响因素分解呈现明显差异。就经济增长效应来看，云南省16个州市的经济增长对家庭消费间接碳排放强度变化的影响效果均为正，昆明作为省会城市，经济发展水平远高于云南省其他州市。昆明市的经济增长对家庭消费间接碳排放强度的影响最大，滇西北区域的迪庆、丽江和怒江的经济增长对家庭消费间接碳排放强度变化的影响最小；从人口规模效应来看，人口规模的增长对滇中、滇西、滇西北、滇西南、滇东南区域的人口规模调整对家庭消费间接碳排放强度的作用效应比较大。从能源强度效应来看，能源强度效应对云南省 16 个州市的家庭消费间接碳排放强度变化效应均为负，云南省的家庭消费间接碳排放效率、节能减排技术等方法仍然有待提升，云南省 16 个州市的能源强度效应为负值，说明这些地区节能减排技术提高了能源利用效率，在一定程度上减少了家庭消费间接碳排放量。相对而言，能源强度效应最高的仍是滇中区域，能源强度效应最低的为滇西北区域，滇东南、滇西和滇西南区域的家庭消费间接碳排放影响依次居于中间位置。云南省 16 个州市的能源结构效应累积贡献全部为负，能源结构效应最高的仍是滇中区域，能源结构效应最低的为滇西北区域，滇东南、滇西和滇西南区域的家庭消费间接碳排放影响依次居于中间位置。

从分区域研究结果来看，五大区域中，经济发展对家庭消费间接碳排放均有较强的正向驱动效应，且滇中区域经济增长对家庭消费间接碳排放强度的正向效应最大，滇西北区域的经济增长对家庭消费间接碳排放的正向效应最小，滇东南、滇西和滇西南区域的经济增长对家庭消费间接碳排放效应介于两者之间；人口规模调整对五大区域的影响效应均为正，人口规模效应对滇中、滇西、滇西北、滇西南和滇东南区域的贡献率分别为 -4.70%、4.30%、2.44%、3.87% 和 4.58%，这说明人口规模效应的优化对经济发展水平高的滇中区域的作用远远大于经济发展水平较低的滇西北区域；2012~2021 年五大区域能源强度整体上表现为对家庭消费间接碳排放的抑制作用，滇中区域的能源强度对家庭消费间接碳排放的抑制作用较大，滇西北区域的能源强度效应较弱。2012~2021 年五大区域能源结构效应有较大波动，滇中、滇西、滇西北、滇西南、滇东南区域的能源结构效应和能源强度效应始终为负值，始终对家庭消费间接碳排放强度起到抑制作用。

从回归的结果来看，经济发展、人口规模、能源结构、能源强度、人口密集度、对外开放程度和城镇化水平都会引起云南省家庭消费间接碳排放变化。其中，经济发展、人口规模、人口密集度、对外开放程度和城镇化水平这五个因素对云南省家庭消费间接碳排放起着促进作用；而能源结构效应和能源强度效应则起着抑制云南省家庭消费间接碳排放的作用。在影响云南省家庭消费间接碳排放的七个因素中，首先是经济发展水平对云南省家庭消费间接碳排放增加的促进作用最大，其次是对外开放程度，人口密集度对工业碳排放增长的影响较小；能源结构调整对云南省家庭消费间接碳排放减少的作用最大，人口规模的调整对云南省家庭消费间接碳排放的影响效果最小。

　　从分区域的回归结果来看，经济发展、人口规模、能源结构、能源强度、人口密集度、对外开放程度和城镇化水平都会引起云南省五大区域家庭消费间接碳排放量的变化，但影响幅度并不相同。经济增长对滇中区域的正向促进作用最大，对滇西北区域的影响最小；人口规模调整对滇中、滇西、滇西北、滇西南、滇东南区域均产生了正向的促进作用；能源结构和能源强度对云南省五大区域的家庭消费间接碳排放都起到了负向减缓作用，相对而言，对滇中区域的作用更强一些，对滇东南、滇西和滇西南区域的作用次之，对滇西北区域的作用最小；对外开放的程度、人口密集度和城镇化水平强化了家庭消费间接碳排放水平，从作用程度来看，对滇中区域的家庭消费间接碳排放的影响更大，对滇西北区域家庭消费间接碳排放的影响相对较小。

第7章 环境规制对云南省家庭消费碳排放的影响研究

当前严峻的环境污染问题已成为制约经济增长的"瓶颈",解决环境污染问题迫在眉睫。党的十九大报告指出。我国社会的主要矛盾已经转化为人民日益增长的美好生活需要和不平衡不充分的发展之间的矛盾。人民群众日益增长的对优美生态环境的需要与更多优质生态产品的供给能力不足之间的矛盾日益突出。2019 年,政府工作报告中提出要大力推进绿色发展,要改革完善相关制度,协同推动高质量发展与生态环境保护。

环境规制体系是中国环境管理正式制度中最为重要的政策体系,建立并完善环境规制体系,是实现经济健康发展和生态环境改善双重目标的基本手段,也是现阶段推动中国经济高质量发展的必由之路。政府合理有效的环境规制是驱动企业环境技术创新的重要保障,也是解决工业企业"三高"问题、切实加快碳减排步伐的重要措施。

对于环境规制的政策效果,学术界一直存在争议。"遵循成本说"认为环境规制增加了企业的成本,并对经营收益产生了不利影响,从而损害企业的生产率和竞争力(Cropper 等,1992;Jaffe 等,1997;Boyd 等,1999;Rassier 等,2010;柴泽阳和孙建,2016;任小静等,2018);"波特假说"认为,严格恰当的环境规制能够激发企业改进生产工艺流程和技术创新,最终会提高企业生产效率和市场竞争力,实现环境保护和经济增长的双赢(Porter 等,1995;Hamamoto 和 Mitsutsugu,2006;Telle 等,

2007；张成等，2011）。随着研究的细致化和深入化，一些学者发现，环境规制对碳排放绩效的影响并非简单的"遵循成本说"和"波特假说"关系，而是呈现出"U"型、"J"型等非线性关系，并且因地区差异和时间维度不同而表现出不同的关系（Boyd 等，1999；沈能，2012；李树和陈刚，2013；龙小宁和万威，2017；陈超凡，2018）。随着环境规制工具多样化，学者就不同类型的环境规制对环境绩效产生的不同影响展开激烈的讨论，市场型环境规制工具的激励效果优于命令型环境规制已成为普遍的认知（Villegas-Palacio 等，2010；聂爱云和何小钢，2012；许晓燕等，2013）。但是，由于不同的市场型环境规制工具其灵活性和激励性各有侧重，且不同工业行业在资源消耗、污染排放等方面存在明显的异质性，不同的企业在生产成本、技术创新等方面也存在明显的异质性，从而导致不同环境规制工具的政策效果会因地区差异而存在一定的不同（李云雁，2011；黄清煌和高明，2016；彭星和李斌，2016）。

由上可知，不同类型环境规制对消费绿色转型和家庭消费碳排放的影响效应有较大差别，不同地区在同环境规制工具下也会有不同的碳减排效应。中国幅员辽阔，区域发展不平衡特征明显，东部地区的碳排放强度远远低于全国平均水平，而中部、西部地区的碳排放强度则明显高于全国平均水平，西部地区碳排放强度甚至更高。相对于东部地区而言，我国西部地区拥有更多的能源，资源赋存与能源消费存在明显的地域空间背离。在中国经济增速换挡、结构优化和创新驱动的背景下，从西部地区云南省的现实情况出发，从理论上揭示环境规制对家庭消费节能减排的内在作用机理，从实证角度探明不同环境规制工具对云南省内不同地区的环境绩效的动态影响，并有针对性地设计实施有差别化的环境规制，对于政府建立适合云南省地区发展的"有差别的""分而治之"的梯次式环境规制体系具有重要意义，对于中国实现高质量增长，走出一条"创新、协调、绿色、开放、共享"的发展道路也具有重要意义。

7.1　环境规制强度与家庭消费碳排放碳减排绩效

7.1.1　理论分析与研究假设

从微观的角度来看，环境规制对碳减排的影响可以概括成三种情况：一是"遵循成本说"，认为环境规制增加了企业成本，降低了企业的竞争力和减排绩效；二是"波特假说"，该理论认为环境规制激发了企业的技术创新从而提高企业生产效率和市场竞争力；三是"不确定假说"，认为环境规制对减排绩效的影响存在不确定性，会受时间因素、所处行业和地区差异等多种因素的影响。

"遵循成本说"认为环境规制的约束会增加企业环境治理成本，这部分新增成本会挤出技术创新和产品研发成本，进而对企业的市场竞争力和企业绩效产生负面影响（Jaffe 等，1997；Kneller 等，2010）。有学者以美国造纸、石油与钢铁行业为研究样本，发现相较于未受环境规制的企业，受环境规制约束的企业生产效率和生产增长率更低，排污成本的增加导致较高的生产效率的损失，从而证实了"遵循成本说"（Gray 等，1998）。另外，严苛环境规制不利于企业使用污染较重的技术，减排较多的企业倾向于减少生产性投资（Gray 等，1998；Boyd 等，1999）。有学者通过使用方向性距离函数方法，利用1995年以来的西班牙瓷砖生产商数据，研究发现，不受环境规制制约时，企业的污染治理成本为零，企业总产出将会增加 7.0%，但在环境规制的制约下，企业治理污染需要额外追加成本，此时企业的产出仅增加了 2.2%，也就是说，企业达到政府环境要求是以牺牲产出增长为代价的。环境规制越严格，企业利润降低就越明显，政府规制强度越大，全要素生产率越低，外部经济负效应越明显，环境规制存在显著的"绿色悖论"（Rassier 等，2010；柴泽阳和孙建，2016；任小静等，2018）。环境规制除了影响静态成本之外，从动态的角度来看，企业生产投资的不可逆转性以及政府规制的不确定性还会进一步减小企业的投资水平，进而降低企业产出。

恰当的环境规制能够激发企业的技术创新和产品研发，这种技术创新能够部分甚至完全抵消成本增加劣势，从而提高企业的核心竞争力和经营绩效（Porter 等，1995），这理论被称为"波特假说"。后续一些学者的研究结论证实了"波特假说"的正确性（Hamamoto 和 Mitsutsugu，2006；Iraldo 等，2009）。有学者利用 OCED 中 7 个工业化国家超过 400 家公司的调研数据进行研究，实证结果表明环境规制与环境创新两者之间存在显著的正相关关系（Lanoie 等，2011）。还有一些学者的研究结论也表明，环境规制强度与企业生产率之间存在稳定、显著的正向关系，高强度的污染控制政策能促进企业节能减排，实现环保投入与生产率"双赢"（张三峰等，2011；李树和陈刚，2013；何玉梅等，2018；宓泽锋和曾刚，2018）。

从宏观的角度来看，一方面，环境规制能够通过对生产规模的调整来提高企业的集中度进而限制产出；另一方面，环境规制可以通过设置进入障碍、抑制产业成长和重新配置相关企业的市场配额来影响市场结构（Pashigian 和 Peter，1984；Blair 等，2005）。学者就环境规制影响产业结构升级的机理进行的研究涉及多种角度，有的认为环境规制强度的增加可以促使企业排污量减少，随着产业中技术复杂度的提高，产业层次会进一步上升，产业终将实现优化升级（韩晶等，2014）；有的认为环境规制能够通过筛选效应、内部和外部技术溢出效应，促使绿色经济效率依靠"扩散效应"和"极化效应"产生空间联系，进而影响区域产业结构升级（钱争鸣和刘晓晨，2014）；还有的认为环境规制能够通过对消费需求、投资需求、技术创新和 FDI 的影响间接影响产业结构升级（肖兴志和李少林，2013；谢婷婷和郭艳芳，2016）。此外，谭娟等（2013）建立了政府环境规制投入与碳排放总量的 VAR 模型，得出政府环境规制的程度对碳排放量产生较大影响，但近年来对碳排放总量增长的抑制作用明显减弱，甚至不产生影响的结论。王怡（2013）证实，环境规制强度是碳排放量的格兰式因果检验的原因之一。

改革开放之后，中国环境规制强度呈现上升趋势，且东部地区环境规制强度要高于中部地区，中部地区又略高于西部地区，各省份之间环境规制强度也有较为明显的差别。由于环境规制存在地区差异，发展中国家和欠发达地区较低门槛环境规制将导致污染产业由发达国家（地区）逐步向欠发达国家（地区）转移，从而使发展中国家和欠发达地区成为"污染天堂"（Walter 和 Ugelow，1979）。相对东部地区，中部、西部地区由于劳动成本和技术水平较低，加之环境规制存在差异，从而呈现劳动密集型产业和重污染产业向中、西部地区转移的趋势（曲玥等，2013；胡安俊和孙久文，2014；廖双红和肖雁飞，2017），这种由于地区发展不平衡产生的产业转移也伴随污染转移，中部、西部地区成为"污染天堂"（林伯强和皱楚沅，2014；董琨和白彬，2015；潘安，2017；袁红林等，2018）。李斌和曹万林（2017）通过对循环经济绩效理论模型的分析发现，基于生态创新视角下的循环经济绩效在我国东部、中部、西部地区发展不均衡，政府的环境规制行为对中部、西部地区的循环经济绩效的"U"型影响在统计上是显著的，但对于东部地区的影响是不显著的。

7.1.2　变量定义与模型设定

7.1.2.1　变量定义

（1）被解释变量：环境绩效（EF）。

借鉴已有文献，采用 DEA-SBM 模型度量云南省家庭消费间接碳减排绩效。DEA-SBM 模型属于非径向模型，它假定生产系统有 n 个决策单元，有三个投入产出向量：资源能源投入、期望产出和非期望产出。

含有非期望产出的 SBM 模型：

$$EF = \min \frac{1 - \dfrac{1}{m}\sum_{i=1}^{m} x_i}{1 + \dfrac{1}{s_1 - s_2}\left\{\sum_{r-1}^{s_1} \dfrac{s_r^g}{y_r^g} + \sum_{r-1}^{s_2} \dfrac{s_r^b}{y_m^b}\right\}}$$

$$\text{s. t} \begin{cases} x_0 = X\gamma + s^- \\ y_0^g = Y^g\gamma - s^z \\ y_0^b = Y^b\gamma + s^b \\ s^- \geq 0, \ s^z \geq 0, \ s^b \geq 0, \ \gamma \geq 0 \end{cases} \tag{7-1}$$

其中，s^-、s^z 和 s^b 分别表示资源能源投入、期望产出和非期望产出的松弛变量；γ 表示权重向量；r 表示期望产出的个数；s_2 表示非期望产出的个数。目标函数 EF 是关于 s^-、s^z、s^b 严格递减的，并且 $0 \leq EF \leq 1$。对特定的评价单元，当且仅当 $ER = 1$，即 $s^- = 0$，$s^z = 0$，$s^b = 0$ 时 DEA 有效，即投入产出已达最优。

考虑非期望产出的 SBM 模型可能会出现多个决策同时有效的情况，从而不便于对这些决策单元进行区分和排序。若测算结果出现多个决策单元同时有效，本书将运用考虑非期望产出的 Super-SBM 模型予以解决。一个排除了决策单元（x_0，y_0）的有限可能性集为：

$$P(x_0, \ y_0) = \begin{cases} (\bar{x}, \ \bar{y}^g, \ \bar{y}^b) \mid \bar{x} \geq \sum_{i=1}^n \gamma_i x_i, \ \bar{y} \geq \sum_{i=1}^n \gamma_i y_i^g, \\ \bar{y}^b \geq \sum_{i=1}^n \gamma_i y_i^b, \ \bar{y}^b \geq 0, \ \gamma \geq 0 \end{cases} \tag{7-2}$$

考虑非期望产出的 Super-SBM 模型（变动规模报酬情况）的模型为：

$$EF = \min \left\{ \dfrac{\dfrac{1}{q} \sum_{i=1}^q \dfrac{\bar{x}_i}{x_{i0}}}{\dfrac{1}{u_1 + u_2} \left(\sum_{r=1}^u \dfrac{\bar{y}_r^g}{y_{r0}^g} + \sum_{i=1, \ \neq 0}^n \dfrac{\bar{y}_1^b}{y_{10}^b} \right)} \right\}$$

$$\text{s. t} = \begin{cases} \bar{x} \geq \sum_{i=1, \ \neq 0}^n \gamma_i x_i, \\ \bar{y}^b \leq \sum_{i=1, \ \neq 0}^n \gamma_i y_i^g \\ \bar{y}^b \geq \sum_{i=1, \ \neq 0}^n \gamma_i y_i^b, \ \bar{x} \geq x_0, \ \bar{y}^g \leq y_0^g, \ \bar{y}^b \geq y_o^b \\ \sum_{i=1, \ \neq 0}^n \gamma_i \geq 0, \ \bar{y}^g \geq 0, \ \gamma \geq 0 \end{cases} \tag{7-3}$$

其中，EF 为目标效率值，其他变量含义同式（7-1）。

本书选择投入产出指标共 5 个，其中，投入变量包括资本投入、劳动力投入和能源投入。资本投入：本书选取各地区全社会固定资产投资额（单位：亿元）作为资本投入的代理变量；劳动力投入：以各州市城镇单位从业年末人数（单位：万人）表征劳动力投入；能源投入：本书选取各地区能源消费总量（单位：万吨）来衡量。产出变量包括期望产出和非期望产出。期望产出主要指制造业经济产出，因此本书选取云南省实际 GDP 总额（单位：亿元）作为期望产出。非期望产出以云南省家庭消费排放（单位：亿标立方米）、废水（单位：万吨）、固体废弃物排放量（单位：万吨）来衡量。

（2）解释变量：环境规制强度（ER）。

关于环境规制的指标选取，很多学者采取了不同的方法和指标。环境规制的度量方法包括环境规制政策、环境治理投入、环境政策绩效指标（张成等，2011）。其中一些学者采取工业污染治理设施运行费用来衡量环境规制强度，也有一些学者采取工业污染治理投资额来衡量环境规制强度，本书采用了工业污染治理投资额/工业增加值来衡量环境规制强度。

（3）控制变量。

1）经济发展水平（GDP）。

经济水平发达的地区，资本雄厚、基础设施便利，容易获取到高质量的劳动力资源，本书选取云南省各州市的人均 GDP 作为经济发展水平的代理变量，人均 GDP 取对数。

2）研发投入（R&D）。

一方面，技术进步可以提高资源利用率和生产效率，降低生产成本，提升企业的市场竞争力；另一方面，先进技术（如云计算、AI、3D 打印、工业智能化）有利于高端制造行业的发展，进而推动制造业的转型升级。一般而言，企业研发经费支出越多，代表技术革新越快，越能提高能源生态效率。因此，本书选取云南省各州市 R&D 支出与 GDP 的比值作为研发投入的代理变量。

3）能源消费结构（EN）。

煤炭是公认的"最不清洁能源"，燃煤过程中会产生大量的温室气体和有毒物质，对大气造成严重污染。由于我国富煤、贫油气，2018 年煤炭消费所占比重依然维持在 60% 左右，优化能源消费结构任重道远。因此，本书选取云南省各州市家庭消费煤炭消费量与家庭消费能源消费总量的比值来代表能源消费结构，并假定该变量对家庭消费能源生态效率呈显著负影响。

4）劳动力素质（LAB）。

已有文献研究表明，高质量的劳动力素质对能源生态效率有显著的促进作用，我国制造业的转型升级离不开高知识型人才。本书选择平均受教育年数来衡量劳动力素质，参照彭国华的计算方法：劳动力平均接受教育年数＝文盲、半文盲的就业人口比重×1.5＋接受小学教育的就业人口比重×7.5＋接受初中教育的人口比重×10.5＋接受高中教育的人口比重×13.5＋接受大专及以上教育的就业人口比重×17。

5）外商直接投资（FDI）。

一般来说，外商直接投资的资金都是来源于国外的跨国公司，它们拥有雄厚的资金、先进的技术和高级管理人才，跨国公司在投资我国相关企业的同时也会带来先进的排污技术和先进的污染物处理设备。因此，我国可以通过引入外资学习其先进排污技术，从而提高资源的利用效率和提高自身的治污水平，降低我国的环境污染水平。本书假定，FDI 与我国的环境质量存在正相关关系，即 FDI 的引入可以促进我国环境质量的提高，表现在变量之间的关系为 FDI 的引入有利于我国人均二氧化碳排放的减少。

6）能源强度（EI）。

能源强度为单位 GDP 产出所需能源消费量，其值为能源消费总量与GDP 之比。在技术没有取得较大进步时，能源消费的强度越大，二氧化碳的排放量也就越大。因此，能源强度与二氧化碳的排放量具有正相关关系。

7）国际贸易（Trade）。

在宏观层面，国际贸易主要通过影响供给和需求来影响产业结构变化；在微观层面，国际贸易主要依靠改变商品结构来影响产业结构调整。

8）人口规模（PS）。

基于"经济服务化"过程中的一种典型事实，人口规模的增长会显著影响二氧化碳的排放，居民生活的各个方面都会对二氧化碳的排放产生影响，人口规模的增长带来的是家庭消费间接碳排放的增长，因此，人口规模与家庭消费间接碳排放具有正相关关系。

9）技术创新（Tech）。

技术创新对产业结构的影响大致可以分为以下两个方面：一方面，技术创新会使生产力不断提高，生产力的持续提高会使社会分工进一步深化并形成新的产业分工，进而影响产业结构；另一方面，技术创新会促进劳动生产率的增进，而由于产业特征不同会使不同产业的劳动生产率提高呈现差异性，导致劳动力发生转移，进而使产业结构发生变化。正是基于这两个方面的影响和作用，产业内部的生产要素构成日益高级化和服务化，进而不断推动产业结构的优化升级。对于技术创新水平的衡量，本书借鉴肖兴志和李少林（2013）的方法，使用经 Malmquist 生产率指标测算后的云南省各州市 1998~2015 年技术进步率的面板数据表征，其中产出指标为消胀后的云南省各州市国内生产总值，投入指标简化为资本和劳动两种，资本投入为云南省各州市资本存量，劳动投入为各地区年末从业人口数。值得说明的是，由于技术进步率指数是种环比改进指数，为了更真实地反映各地区的技术进步状况，本书以初始年份为基础将技术进步率指数换算为定比改进指数。

7.1.2.2　模型的设定

本书选用面板分位数模型来考察环境规制强度对云南省家庭消费节能减排效率及其差异的影响。借鉴师博和沈坤荣（2013）的研究思路，本书建立如下计量模型来考察环境规制强度与家庭消费间接碳排放绩效之间的关系。

$$EF_{it} = \beta_0 + \beta_1 ER_{it} + \beta_3 X_{ir} + \varepsilon_{ir} \qquad (7-4)$$

其中，i 和 t 分别表示省份和年份；EF 为被解释变量，表示碳减排绩效；ER 表示环境规制；X_{ir} 包含了除环境规制外其他一些影响碳减排效率的重要因素：经济发展水平、外商直接投资、技术创新、人口规模和能源消费结构。

为了增强回归结果的稳健性，本书采用 Bassett 等（2002）构建的分位数回归模型。同时，为了找到最优环境规制强度，本书还借鉴 Hansen 和 Bruce（1999）的门槛面板模型考察环境规制对环境绩效的影响，构造如下双门槛模型：

$$\begin{aligned}
DEV_{it} = {} & \delta_0 + \delta_1 DFI_{it} \times I(DF \leq \theta_1) + \delta_2 DFI_{it} \times I(\theta_1 < DF \leq \theta_2) + \cdots + \\
& \delta_n DFI_{it} \times I(\theta_{n-1} < DF \leq \theta_n) + \delta_{n+1} DFI_{it} \times I(DF > \theta_n) + \\
& \sum \delta_i Control + \varepsilon_{it} + \mu_i + \omega_t \qquad (7-5)
\end{aligned}$$

其中，DFI 表示门槛变量；θ 表示门槛值；I（*）表示门槛模型的示性函数，如果括号内为真，I 为 1，否则为 0。双门槛模型构造成式（7-5）形式，多门槛模型则依次类推，需要根据门地检验结果来确定门槛模型的最终形式，从而继续进行相应的估计和分析。

7.1.2.3　数据来源

本部分研究对象为云南省 16 个州市，实证研究的样本区间为 2012～2021 年。以国际上普遍认可的 IPCC 2006 年编制的《国家温室气体清单指南》中碳排放的测算方法为指导，利用《中国能源统计年鉴》《中国地区投入产出表》《云南统计年鉴》《云南调查年鉴》中的相关数据，利用 DEA Solver Pro 5.0 软件对投入、期望产出以及非期望产出进行处理，得出考虑非期望产出的 DEA-SBM 的环境效率值。

7.1.3　实证结果与分析

环境规制强度与云南省家庭消费间接碳减排绩效的回归结果分析：本部分考虑到分位数回归不仅有利于排除极端值的干扰，而且能够全面地刻画出条件分布的全貌，本书选择 10%、50% 和 90% 三个具有代表性的分位点对云南省家庭消费节能减排效率方程进行估计。此外，为对比现有文献中的传统面板模型，本书使用 OLS 回归估计初步探讨环境规制与节能减排效率的关系，相应的估计结果如表 7-1 所示。

表 7-1 环境规制强度对云南省家庭消费碳减排绩效的回归结果

解释变量	10%	50%	90%	OLS
ER	0.147** (4.23)	0.145** (2.13)	0.158** (4.25)	0.159** (3.70)
GDP	0.165** (4.22)	0.147** (3.31)	0.158** (6.71)	0.247** (2.52)
R&D	−0.235** (−4.42)	−0.278** (−1.71)	−0.358** (−4.12)	−0.327** (−3.33)
EN	−0.044** (−5.51)	−0.032** (−3.23)	−0.028** (−2.51)	−0.017** (−1.33)
LAB	−0.234** (2.17)	−0.128** (3.13)	−0.121** (2.11)	−0.224** (4.37)
FDI	0.031** (1.16)	0.027** (3.45)	0.022** (2.33)	0.047** (5.10)
EI	0.413** (1.16)	0.311** (5.31)	0.213** (3.12)	0.374** (4.14)
Trade	0.033** (3.11)	0.0025* (2.24)	0.0015 (4.15)	0.042* (3.22)
PS	0.021** (4.12)	0.0014* (2.25)	0.0055 (2.11)	0.022* (4.23)
Tech	−0.035** (−3.13)	−0.047** (−3.17)	−0.072** (−4.21)	−0.017** (−2.17)
_cons	−0.044** (−3.13)	−0.035** (−2.18)	−0.028** (−3.26)	−0.037** (−4.27)
Adj-R^2	0.2537	0.3337	0.5533	0.7473

注：***、**和*分别表示在1%、5%和10%的水平上显著。

由表 7-1 可知，无论是 OLS 回归还是分位数估计，环境规制的系数均显著为正。这意味着伴随环境规制强度的提升，企业不仅能弥补遵循成本，而且还可以提高企业进行技术创新的积极性，有利于节能减排效率的改善。从大样本的回归结果来看，环境规制回归系数为 0.159，且在 5% 的水平上显著，说明环境规制强度的增加有利于云南省家庭消费间接碳减排效率的提升；从各分位点上环境规制回归系数的变化趋势可以发现，环境规制对节能减排效率的效应依次为 0.147、0.145、0.158，虽在 50% 分位点的回归系数稍有回落，但大致还是维持递增的趋势。这表明，从整体来看，环境规制能够带来更为优越的节能减排效率。究其原因，主要在于节能减排效率不仅取决于本书关注的环境规制和相关控制变量，还与诸如资源禀赋、财政分权、人文环境、环境规制执行效率等因素息息相关。具体而言，减排效率较好的地区，往往具备雄厚的经济实力、丰富的劳动力、完善的环境政策体系和执法环境，节能减排效率潜力较大，通过政府环境政策的倒逼，有利于充分调动企业主动进行绿色创新的积极性，从而实现节能减排效率的改善。

在其他控制变量中，人均 GDP 变量在各分位点水平下的系数均为正，且在 5% 的水平上显著，表明经济发展水平对节能减排效率产生拉动作用，能源消费结构变量在 10%、25% 和 50% 的分位上均在 5% 的水平上显著，并且在各分位点水平下的系数均显著为负，主要原因在于中国能源禀赋结构决定了长期能源消费结构的不合理，而以煤炭消费为主将长期羁绊节能减排效率提升目标的实现。外商直接投资变量和国际贸易变量在各个分位点上的系数均显著为正，这意味着外商直接投资并未表现出"污染避难所"效应，反而通过示范效应和技术溢出效应改善当地的节能减排效率。人口规模变量在 10%、25% 和 50% 分位数水平上的系数均为正值，可能的原因在于，中国经济的特殊阶段决定经济增长对"高污染、高能耗和高排放"的重工业的依赖，单纯靠改变人口规模来提升节能减排效率并不现实，因此更应通过技术创新和产业升级等途径来改善节能减排效率。劳动力素质的提升对于碳减排效率的提升有积极的促进作用，一方面，劳动力素质的提升有利于技术革新和技术改造；另一方面，教育水平的提升增强了社会公众的环保意识，对于强化污染企业的社会监管具有积极的促进作用。人口规模的调整对于家庭消费间接碳排放绩效也起到了推动作用，但这种作用只在大样本回归和 50% 的回归结果中才体现出来。技术创新变量在 10%、25% 和 50% 分位的系数均为负值，可见技术创新并未产生理论上预期的推动作用，反而成为阻碍节能减排效率的主要因素。究其原因，研发内部支出往往用于生产技术创新，而非绿色技术创新，从而造成一定偏差。此外，在现实中，资本密集型企业往往将研发投入于低成本扩张以维持市场竞争力，这种创新意愿的缺乏致使企业研发投入无法实现新知识和新技术的有效积累，从而制约企业节能减排效率。

　　环境规制强度与云南省五大区域家庭消费间接碳减排绩效的回归结果。根据第 4 章云南省家庭消费碳排放的聚类分析结果，将云南省 16 个州市划分滇中、滇西、滇西北、滇西南和滇东南五大区域，考虑到不同区域在经济发展、技术水平、资源禀赋和制度安排等方面存在的巨大差异，对云南省五大区域环境规制强度和家庭消费间接碳减排绩效的异质性回归结果进行了检验。回归结果如表 7-2 所示。

表 7-2　环境规制强度对云南省五大区域家庭消费碳减排绩效的回归结果

解释变量	滇中	滇西	滇西北	滇西南	滇东南
ER	0.0478 ** (5.17)	0.0433 ** (3.27)	−0.0151 (−2.11)	0.0398 ** (4.43)	0.0456 ** (3.26)
GDP	0.345 ** (1.25)	0.310 ** (2.32)	0.148 ** (3.76)	0.279 ** (4.22)	0.333 ** (5.18)
R&D	−0.205 ** (−5.15)	−0.168 ** (−4.22)	−0.154 ** (−3.10)	−0.133 ** (−2.31)	−0.175 ** (−4.18)
EN	−0.056 ** (−5.41)	−0.047 ** (−2.23)	−0.039 ** (−4.51)	−0.041 ** (−5.33)	−0.051 ** (−2.51)
LAB	0.346 ** (4.11)	0.254 ** (3.12)	−0.139 ** (−4.10)	0.247 ** (2.37)	0.325 ** (3.17)
FDI	0.039 ** (3.16)	−0.043 ** (2.41)	−0.043 ** (3.31)	−0.044 ** (2.17)	−0.029 ** (1.41)
EI	0.417 ** (4.11)	0.396 ** (5.30)	0.269 ** (1.14)	0.371 ** (2.18)	0.407 ** (2.11)

解释变量	滇中	滇西	滇西北	滇西南	滇东南
Trade	0.036 ** (3.14)	− 0.0047 * (2.54)	− 0.0026 (3.15)	− 0.036 * (6.21)	− 0.017 * (5.22)
PS	0.029 ** (2.11)	0.0018 * (3.22)	0.005 (1.11)	0.011 * (3.23)	0.021 ** (1.12)
Tech	0.037 (3.27)	−0.033 (−1.11)	−0.022 (−2.23)	−0.028 (−3.11)	−0.039 (−2.19)
_ cons	0.048 ** (4.18)	0.039 ** (2.12)	0.029 ** (4.27)	0.036 ** (2.22)	0.041 ** (2.18)
Adj−R^2	0.537	0.371	0.531	0.473	0.420

注：＊＊＊ 、＊＊和＊分别表示在1%、5%和10%的水平上显著。

从云南省五大区域地区分组的 OLS 估计结果来看，环境规制的节能减排效应存在明显的地区异质性。滇中、滇西、滇西南和滇东南的环境规制对碳减排绩效具有正向促进作用，但滇西北的系数并不显著，且滇西北的环境规制可能对节能减排效率产生显著的抑制效果。具体而言，当滇中区域的环境规制强度提升1%，节能减排效率水平将会提高4.78%，当滇西区域的环境规制强度提升1%，节能减排效率水平将提高4.33%，当滇东南区域的环境规制强度提升1%，节能减排效率水平将提高4.56%，当滇西南区域的环境规制强度提升1%，节能减排效率水平将提高3.98%，当滇西北区域的环境规制强度提升1%，节能减排效率水平将降低1.51%。作为技术和经济发展相对领先的区域，其市场化进程、经济发展水平、技术创新和制度完善度较高，其节能减排效率也相对较高；滇中区域均是能源大市，充沛的能源在一定程度上弥补了技术短板，导致技术发展水平相对落后，高强度的环境规制不但未能激发减排效率，反而成为节能减排效率低下的元凶。可能的原因在于：第一，有些州市出于经济增长的需要，地方政府为了实现经济的快速增长倾向于有选择性地实施环境规制政策来降低企业的"合规成本"；第二，为了实现经济目标，云南省的这些州市可能在西部地区甚至全国地区的产业转移的浪潮中吸收了东部地区相对落后的产业转移项目，为了在产业转移过程中分一杯羹而进行环境规制的"逐底竞争"，从而产生了"污染避难所"效应。在其他控制变量中，人均 GDP 变量在五大区域的系数均为正，且达到统计意义上的显著，表明经济发展水平对节能减排效率产生拉动作用。外商直接投资变量在滇西、滇西南、滇东南和滇西北显著为负，但在滇中区域的系数均显著为正，这意味着外商直接投资在滇西、滇西南、滇东南和滇西北区域表现出"污染避难所"效应，但在滇中区域不但未表现出"污染避难所"效应，相反通过示范效应和技术溢出效应改善当地的节能减排效率。能源消费结构变量在云南省五大区域的系数均显著为负，主要原因在于云南省的能源禀赋结构决定了长期能源消费结构的不合理，而以煤炭消费为主将长期羁绊提升节能减排效率目标的实现。人口规模变量在三大区域的系数为正值，可能的原因在于，云南省经济的特殊阶段决定经济增长对"高污染、高能耗和高排放"的重工业的依赖，单纯靠改变人口规模来提升节能减排效率并不现实，因此更应通过技术创新和产业升级等途径来改善节能减排效率。令人遗憾的是，技术创新变量对于云南省五大区域碳减排均无明显影响，可见技术创新并未产生理论上预期的推动作用。究其原因，研发内部支出往往用于生产技术创新，而非绿色技术创新，从而造成一定的偏差。此外，在现实中，资本密集型企业往往将研发投入于低成本扩张以维持市场竞争力，这种创新意愿的缺乏致使企业研发投入无法实现新知识和新技术的有效积累，从而制约企业节能减排效率。

7.2　环境规制工具与碳减排绩效

由于环境规制对污染减排影响重大（朱向东等，2018），故学术界涉及环境规制对碳排放的作用研究较早且已取得了大量成果（杨亚萍和王凯，2021；李菁等，2021）。但有关环境规制的碳减排效应，学者却持不同的观点，如一些学者用"绿色悖论"阐释了环境规制的弊端，认为其导致了环境问题的进一步恶化，对其持消极反对立场（王雅楠等，2018）；也有一些学者认为环境监管对碳排放的作用存在"倒逼效应"，对其持认可支持立场（谭娟等，2013）。除此之外，还有一些学者认为环境规制对碳排放并非单一的线性关系，并非会单纯地抑制或促进碳排放，可能出现拐点现象，或许通过其他因素作用于碳排放，如在产业结构、外商直接投资等为阈值变量，剖析了环境规制对碳排放的阈值作用，实证结果表明在阈值变量的影响下，环境规制和碳排放之间呈非线性关系；柴泽阳和孙建（2016）以技术创新、外商直接投资、财务状况等为阈值变量，解析了环境规制对碳排放的作用，证实了在上述阈值变量的作用下，环境规制对碳排放展现为倒"U"型特点。由此可知，关于环境监管对碳排放的作用尚无统一论断，亟须对其进行进一步探究。

目前很少有文献以云南省家庭消费间接碳排放量作为研究样本，从正式环境规制和非正式环境规制的角度分析其对云南省家庭消费间接碳排放的作用机制和作用效果，为了进一步厘清环境规制工具的作用效果，特别是弄清何种环境规制工具能更为有效地促进云南省家庭消费间接碳减排，达到云南省节能减排、建立美丽云南的目标，本书基于正式环境规制和非正式环境规制的视角，分别选取多个指标综合测度两类环境规制的强度；构建空间计量模型，量化分析正式与非正式环境规制对云南省家庭消费间接碳排放影响，并比较其空间溢出效应的异同，为云南省各地区进行合理环境规制，云南省政府进一步完善环境规制政策，为优化政策工具的选择提供理论依据和政策参考。

7.2.1　正式与非正式规制评价指标体系

为全面反映正式与非正式环境规制强度，本书分别构建指标体系对其进行综合评价，具体如表 7-3 所示。相关数据来自 2012～2021 年的《云南统计年鉴》，指标权重的计算方法采用熵值法。正式环境规制的指标构建考虑到了环保投资和污染费以及政府对环境产出的态度两方面，环保投资包括政府节能环保支出和排污征收总费用两部分，政府对环境产出的态度包括工业二氧化硫排放量、工业废水排放量、工业粉尘排放量和固体废弃物综合利用率四个方面，非正式环境规制考虑到了经济发展水平（地区生产总值）、教育程度（每十万人口高校平均在校生数）、人口密度、年龄结构（15 岁以下人口占比）、收入水平（城镇居民人均可支配收入）五个方面。

表 7-3　正式与非正式环境规制评价指标体系

环境规制类型	准则层	基础指标	单位	指标性质
正式环境规制	环境投资和排污费	政府节能环保支出	亿元	正向
		排污征收总费用	亿元	正向
	政府对环境产出的态度	工业二氧化硫排放量	万吨	负向
		工业废水排放量	万吨	负向
		工业粉尘排放量	万吨	负向
		固体废弃物综合利用率	—	正向
非正式环境规制	经济发展水平	地区生产总值	亿元	正向
	教育程度	每十万人口高校平均在校生数	人	正向
	人口密度	人口密度	人/每平方千米	负向
	年龄结构	15 岁以下人口占比	—	正向
	收入水平	城镇居民人均可支配收入	元	正向

本书的被解释变量为云南省家庭消费间接碳排放水平（C）；核心解释变量为正式环境规制（ER）和非正式环境规制（IER）；控制变量为城镇化水平（UR）、金融水平（FD）、人口规模（PS）、经济发展水平（GDP）、技术水平（TL）。变量说明如表 7-4 所示。相关数据来自 2012～2021 年的《中国统计年鉴》《云南统计年鉴》等。

表 7-4　变量说明

变量类型	变量名称	定义	单位
被解释变量	家庭消费间接碳排放水平（C）	家庭消费间接碳排放量	万吨
核心解释变量	正式环境规制（ER）	正式环境规制得分	—
	非正式环境规制（IER）	非正式环境规制得分	—
控制变量	城镇化水平（UR）	年末城镇人口占总人口比例	—
	金融水平（FD）	年末金融贷款机构占地区生产总值比例	—
	人口规模（PS）	年末人口总数	万人
	经济发展水平（GDP）	人均国内生产总值	万元/万人
	技术水平（TL）	社会用电量/GDP	亿千瓦时/亿元

7.2.2　模型设定

7.2.2.1　空间关联性分析

探索性空间数据分析（Exploratory Spatial Data Analysis，ESDA）主要使用地理可视化技术来揭示空间数据的特征。文献中经常使用它来确定空间数据分布模式、聚集热点和空间异质性（Li 等，2019）。ESDA 可以提取其他方法无法识别的复杂空间现象，它反映了特定空间中观测数据的相互依赖性。空间自相关方法分为全局空间自相关（Global Moran's I）和局部空间自相关（Local Moran's I）。全局 Moran's I 指数可以发现空间的集聚或异常值并发现空间分布的差异和关联性。取值为（-1，+1），全局 Moran's I 指数>0 时，数值越大则空间正关联性越明显；全局 Moran's I 指数=0 时，则空间分布关联性较弱；全局 Moran's I 指数<0 时，数值越小则空间差异性越显著。全局空间自相关分析仅用一个值来反映研究区域间的空间差异的平均程度，却不能详细地说明区域间各个对象间具体的空间关联模式，没有考虑到空间异质性，因此无法反映地理单元内的局部空间相关性。所以，有必要使用局部自相关来确定具体集聚情况（Cheng，2016），通过进行局部自相关分析来描述邻近空间的属性值的相关程度。

相应公式如下：

$$I_G = \frac{n \sum_{i=1}^{n} \sum_{j=1}^{n} w_{ij}(y_i - \bar{y})(y_j - \bar{y})}{\left(\sum_{i=1}^{n} \sum_{j=1}^{n} w_{ij}\right) \sum_{i=1}^{n} (y_i - \bar{y})^2} \qquad (7-6)$$

$$I_L = \frac{(y_i - \bar{y}) \sum_{j=1}^{n} w_{ij}(y_j - \bar{y})}{\sum_{i=1}^{n} (y_i - \bar{y})^2 / n} \qquad (7-7)$$

其中，I_G、I_L 和 n 分别表示全局、局部 Moran's I 指数和地区总数，$\bar{y}$ 表示地区相应指标的平均值，y_i 和 y_j 分别表示第 i、j 地区相应属性的观测值，w_{ij} 表示空间权重矩阵元素，描述了空间对象在第 i 和第 j 两点间的关联。

7.2.2.2　空间计量模型

在进行空间计量模型的研究中，先忽略各空间单元之间的相关作用，进行普通最小二乘回归（Ordinary Least Squares regression，OLS），预设回归模型如下：

$$y_{it} = \beta_i x_{it} + \mu_{it} \qquad (7-8)$$

其中，t、i、y_{it} 和 x_{it} 分别表示时间、观测样本、n×1 维的被解释变量和 n×k 维的解释变量，β_i 表示 k×1 维的 x_{it} 的影响系数，μ_{it} 表示 n×1 维的相互独立的随机误差项向量，且 μ_{it} 服从（0，σ2）分布。

在最小二乘模型的基础上，检验相邻空间单元要素之间的相关性。若显著相关，则利用拉格朗日乘子检验（Lagrange Multiplier，LM）对三种空间计量模型做抉择：空间滞后模型（Spatial Lagged Model，SLM）、空间误差模型（Spatial Error Model，SEM）以及空间杜宾模型（Spatial Durbin Model，SDM）。

所有的空间计量模型给出以下的形式：

$$y_{it} = \rho \sum_{j=1}^{n} w_{ij} y_{it} + \varphi + x_{it}\beta + \sum_{j=1}^{n} w_{ij} x_{ijt}\gamma + \mu_i + \eta_i + \phi_{it} \qquad (7-9)$$

$$\phi_{it} = \lambda \sum_{j=1}^{n} w_{ij}\phi_{it} + \varepsilon_{it} \qquad (7-10)$$

其中，y_{it}、w_{ij}、ρ 分别表示第 i 个地区 t 时刻的因变量、n×n 阶的空间权重矩阵以及因变量的空间自回归系数，$\sum_{j=1}^{n} w_{ij} y_{it}$ 表示临近地区因变量对本地区的影响，x_{ijt} 表示 K 维解释变量，β 表示 k×1 维回归部分的参数估计系数向量，$\sum_{j=1}^{n} w_{ij} x_{ijt} \gamma$ 表示临近区域自变量对本区域自变量的影响，γ 表示 $k \times 1$ 维空间自相关系数矩阵，μ_i、η_i 和 ϕ_{it} 分别表示空间效应项、时间效应项和误差项，λ 表示误差项的空间自相关系数，ε_{it} 表示独立同分布误差项且服从 $(0, \sigma2)$ 分布。

空间滞后模型（SLM）、空间误差模型（SEM）和空间杜宾模型（SDM）分别由以上公式的调整而来。

空间滞后模型（SLM）（$\lambda = \gamma = 0$）：

$$y_{it} = \rho \sum_{j=1}^{n} w_{ij} y_{it} + \varphi + x_{it} \beta + \mu_i + \eta_i + \phi_{it} \qquad (7-11)$$

空间误差模型（SEM）（$\rho = \gamma = 0$）：

$$y_{it} = \varphi + x_{it} \beta + \mu_i + \eta_i + \phi_{it} \qquad (7-12)$$

$$\phi_{it} = \lambda \sum_{j=1}^{n} w_{ij} \phi_{it} + \varepsilon_{it} \qquad (7-13)$$

空间杜宾模型（SDM）（$\lambda = 0$）：

$$y_{it} = \rho \sum_{j=1}^{n} w_{ij} y_{it} + \varphi + x_{it} \beta + \sum_{j=1}^{n} w_{ij} x_{ijt} \gamma + \mu_i + \eta_i + \phi_{it} \qquad (7-14)$$

7.2.3 环境规制对云南省家庭消费间接碳排放的空间效应

7.2.3.1 云南省家庭消费间接碳排放的全局空间关联性分析

本书利用 Geoda18.0 和 Stata15.1 对被解释变量——云南省家庭消费间接碳排放数据进行全局 Moran 检验，选取 Rook 邻接矩阵作为空间权重矩阵（孟斌等，2005）。结果如表 7-5 所示，2012~2021 年，Moran's I 指数均为正值且通过 1% 的显著性水平检验。显示出云南省家庭消费间接碳排放具有显著的全局空间关联性。

表 7-5　云南省家庭消费间接碳排放全局 Moran's I 指数检验

年份 指标 Index	2012	2014	2016	2018	2020	2021
全局 Moran's I 指数 Global Moran's I	0.324	0.339	0.322	0.327	0.329	0.331

续表

年份 指标 Index	2012	2014	2016	2018	2020	2021
Z	3.0901	3.3117	3.1935	3.1974	3.1723	3.1758
P	0.006	0.006	0.007	0.007	0.008	0.007

由表 7 - 5 可知，Moran's I 指数的变化呈现出不同趋势。2012 ~ 2016 年，云南省家庭消费间接碳排放 Moran's I 指数为倒"V"形的先增加后降低的趋势，在 2016 年之后，又以较为稳定的趋势上升。Moran's I 指数的变动说明云南省各州市之间的家庭消费间接碳排放在空间上的集聚程度并不恒定。

7.2.3.2 空间计量模型的选择

全局和局部空间相关性分析表明云南省家庭消费间接碳排放的空间外溢效应显著，为此，加入空间因素的影响分析外溢效应。

第一步：LM 检验。首先利用 Stata15.1 软件对所选取变量的面板数据进行 OLS 检验，并根据 LM 检验以及稳健性 LM 检验结果选取空间计量模型。如表 7-6 所示，正式环境规制、非正式环境规制和技术水平对家庭消费间接碳排放水平存在着显著的负向作用，城镇化水平、金融水平、人口规模和经济发展水平对家庭消费间接碳排放水平存在显著的正向作用。

表 7-6 OLS 回归检验结果

变量 Variable	回归系数 Coefficient	T 统计量 T-statistic	显著性 Probability
正式环境规制 ER	−0.2991	−5.62	0.0000
非正式环境规制 IER	−0.1205	−3.26	0.0010
城镇化水平 UR	0.1449	5.13	0.0000
金融水平 FD	0.2436	4.24	0.0000
人口规模 PS	1.4365	12.16	0.0000
经济发展水平 GDP	0.2521	3.57	0.0000
技术水平 TL	−0.2331	4.41	0.0000
拟合优度 R^2	0.8855		

如表 7-7 所示，LM 检验和稳健性检验都通过了 1% 的显著性检验，4 个检验均拒绝了原假设，说明本书所选变量兼具空间滞后和空间误差自相关效应。在三种空间计量模型中，SDM 模型兼具两种效应，初步判断选择 SDM 模型来进行空间外溢效应的分析。

表 7-7　LM 和 Robust LM 检验结果

检验统计量 Test statistics	回归系数 Coefficient	显著性 Probability
Moran's I 指数 Moran's I（error）	5.027	0.0000
拉格朗日乘子检验（无空间滞后） LM test no spatial lag	20.471	0.0000
稳健性检验（无空间滞后） Robust LM test no spatial lag	7.702	0.0060
拉格朗日乘子检验（无空间误差） LM test no spatial error	17.083	0.0000
稳健性检验（无空间误差） Robust LM test no spatial error	4.314	0.0380

第二步：三种空间计量模型的比较。如表 7-8 所示，通过豪斯曼检验对固定效应和随机效应进行选择，检验结果中，SDM 的豪斯曼检验值为 14.73，Prob>chi2 = 0.0225，通过了 5% 的显著性检验。故选用固定效应的空间杜宾模型来进行外溢效应的分析。在空间杜宾模型中引用了解释变量的空间滞后项，并使用极大似然估计法可以有效地消除内生性问题。在三种空间计量模式的比较中，SDM 模型的 $\sigma2 = 0.009$，优于 SEM 和 SAR 模型，拟合优度 $R^2 = 0.753$ 也优于 SEM 模型。综合考虑，SDM 模型的是最理想的，最终选择固定效应的 SDM 模型进行分析。

表 7-8 模型回归结果

变量名称 Variable name	空间滞后模型 SLM	空间误差模型 SEM	空间杜宾模型 SDM
正式环境规制 ER	−0.0843*** (−0.0237)	−0.0949*** (−0.0258)	−0.0876*** (−0.0239)
非正式环境规制 IER	−0.0253 (−0.0343)	−0.0293 (−0.0359)	−0.0365 (−0.0331)
城镇化水平 UR	0.0137* (−0.00789)	0.00867 (−0.00828)	0.0162** (−0.00765)
金融水平 FD	0.00883 (−0.0104)	0.0142 (−0.0111)	0.0125 (−0.0102)
人口规模 PS	0.0482*** (0.0148)	0.0556*** (0.0152)	0.0460*** (0.0144)
经济发展水平 GDP	0.7900*** (−0.0832)	0.8630*** (−0.0926)	0.8110*** (−0.0824)
技术水平 TL	−0.0383*** (−0.0125)	−0.0476*** (−0.0372)	−0.0488*** (−0.0275)
空间权重×正式环境规制 W×ER	—	—	−0.0410 (0.0369)
空间权重×非正式环境规制 W×IER	—	—	−0.0274 (0.0628)
空间权重×城镇化水平 UR	—	—	0.0576*** (0.0217)
空间权重×金融水平 FD	—	—	0.0380* (0.0215)
空间权重×人口规模 PS	—	—	0.0528 (0.0322)
空间权重×经济发展水平 GDP	—	—	0.5220** (0.208)
空间权重×技术水平 TL	—	—	−0.0356 (0.0617)
λ	—	0.3200** (−0.142)	—
ρ	0.3820*** (−0.0906)	—	0.2380* (−0.137)
拟合优度 R^2	0.768	0.750	0.753

续表

变量名称 Variable name	空间滞后模型 SLM	空间误差模型 SEM	空间杜宾模型 SDM
无偏估计值 σ^2	0.0101 *** （-0.0013）	0.0110 *** （-0.00142）	0.00909 *** （-0.00117）
最大似然估计 Log-lik	107.1987	102.0643	114.9495
似然比检验 LR test	15.50 ***	25.77 ***	—

注：***、**和*分别表示在1%、5%和10%的水平上显著；括号内数值为 Z 统计量。

第三步：似然比检验（Likelihood Ratio，LR）。对 SDM 模型进行 LR 检验，检验空间杜宾模型是否会退化成 SLM 和 SEM 模型。LR 检验分别为 15.50 和 25.77，均通过了 1%的显著性检验。

7.2.3.3 空间外溢效应分析

SDM 模型的主要参数 ρ 的系数为 0.2380，存在着明显的正向效应并经过了 10%的显著性试验，数据表明云南省各州市的家庭消费间接碳排放量之间具有空间溢出效应，并且相邻区域的家庭消费间接碳排放水平每变化百分之一，本区域的家庭消费间接碳排放正向变化 0.2380%。对邻近地区家庭消费间接碳排放的溢出效应，充分体现了地域上的空间关联性。正式环境规制、非正式环境规制、城镇化水平、金融水平、人口规模、经济发展水平和技术水平的空间效应分别为 -0.0410、-0.0274、0.0576、0.0380、0.0528、0.5220 和 -0.0356。其中，正式环境规制、非正式环境规制和技术水平对临近州市为负向影响。城镇化水平、金融水平、人口规模和经济发展水平对临近州市为正向影响。

7.2.3.4 空间外溢效应影响因素分析

空间杜宾模型很好地解释了各地区之间的空间经济相关性，然而参数估计结果并不能将直接作用效果和空间外溢效应直观表现出来，本书将所选变量对家庭消费间接碳排放的影响效应分解为直接、间接和总效应来更加清晰地展示影响效果。具体结果如表 7-9 所示。

表 7-9　空间效应分解

变量 Variable	直接效应 Direct effect	间接效应 Indirect effect	总效应 Total effect
正式环境规制 ER	−0.0905*** （0.0245）	−0.0784 （0.0509）	−0.1690*** （0.0568）
非正式环境规制 IER	−0.0339 （0.0325）	−0.0259 （0.0800）	−0.00802 （0.0914）
城镇化水平 UR	0.0207*** （0.00754）	0.0802*** （0.0293）	0.1010*** （0.0324）
金融水平 FD	0.00996 （0.00985）	0.0443 （0.0280）	0.0344 （0.0300）
人口规模 PS	0.0435*** （0.0143）	0.0520 （0.0411）	0.00846 （0.0483）
经济发展水平 GDP	0.8550*** （0.0798）	0.9030*** （0.207）	1.7580*** （0.222）
技术水平 TL	−0.0539*** （0.0259）	−0.0441 （0.0418）	−0.0869 （0.0276）

注：***、**和*分别表示在1%、5%和10%的水平上显著，括号内数值为 Z 统计量。

　　第一，各变量的直接效应。正式环境规制、非正式环境规制、城镇化水平、金融水平、人口规模、经济发展水平和技术水平的直接效应分别为−0.0905、−0.0339、0.0207、0.00996、0.0435、0.8550 和−0.0539。其中，除了非正式环境规制和金融水平没有通过显著性检验，其余变量均通过 1%的显著性检验。本地区的正式环境规制水平、非正式环境规制水平和技术的提高会对本地家庭消费间接碳排放的提高有着抑制作用。正式环境规制水平的提升会提高政府对家庭消费碳排放的政策抑制作用，使本地区的居民家庭消费进行抑制，有效减少了本地区的家庭消费间接碳排放量。非正式环境规制水平反映了本地区的政策引导的力度，非正式环境规制的作用会进一步地抑制家庭消费间接总量的增加。城镇化水平、金融水平、人口规模和经济发展水平会直接影响到地区的居民家庭生活方式和生产方式，进而促进了家庭消费间接碳排放的增加。

第二，各变量的间接效应，正式环境规制、非正式环境规制、城镇化水平、金融水平、人口规模、经济发展水平和技术水平的间接效应分别为 -0.0784、-0.0259、0.0802、0.0443、0.0520、0.9030 和 -0.0441。其中，只有正式环境规制和经济发展水平通过了 1% 的显著性检验，剩余变量均未通过 10% 的显著性检验，即本地区的非正式环境规制、城镇化水平、金融水平、人口规模和技术水平对相邻地区家庭消费间接碳排放的间接影响并不明显。城镇化水平的间接效应系数为正，表明一个地区的城镇化水平的提升会产生示范效应，使得空间相邻地区也会在城镇化管理水平上向该地区学习，造成相邻州市的城镇化水平也有一定程度的提升，从而提高家庭消费间接碳排放水平。人口规模的间接效应系数为正，由于相邻州市的人口在地理位置上临近，州市之间的人口转移便利，对家庭消费间接碳排放水平有着带动作用。

第三，各变量的总效应，正式环境规制、非正式环境规制、城镇化水平、金融水平、人口规模、经济发展水平和技术水平的总效应分别为 -0.1690、-0.00802、0.1010、0.0344、0.00846、1.7580 和 -0.0869。其中，正式环境规制、城镇化水平和经济发展水平均通过了 1% 的显著性检验，剩余变量没有通过显著性检验。说明非正式环境规制、金融水平、人口规模和技术水平的提升对家庭消费间接碳排放量的空间溢出影响并不显著。正式环境规制的总效应、直接效应和间接效应系数均为负，但间接效应未通过显著性检验。说明正式环境规制发展水平对本地区的家庭消费间接碳排放有负向影响，但是对相邻州市的影响并不明显。城镇化水平的总效应、直接效应和间接效应系数均为正，且均通过了 1% 的显著性检验。城镇化水平在直观上对州市发展结构调整，人口聚集以及居民生活水平等方面存在正向影响。表明城镇化水平不仅对本地区的家庭消费间接碳排放有推动作用，而且对相邻地区产生示范和拉动效应，带动相邻地区家庭消费间接碳排放水平提升。人口规模的总效应、直接效应和间接效应系数同样均为正。人口规模反映了当地人口聚集程度，且临近地区之间由于地理空间的临近性，人口规模差异不大，因此，人口规模对本地区和相邻地区的家庭消费间接碳排放水平都存在着促进作用。

第8章 环境规制下云南家庭消费间接碳排的减排对策

8.1 不同国家家庭消费间接碳减排政策对比

谈到低碳减排，人们最先想到的就是工业制造领域怎样降低碳排放量，而碳减排并不仅仅只涉及工业制造，在家庭生活领域中所形成的低碳也占了很大部分。联合国环境规划署《2020年排放差距报告》指出，当前家庭消费温室气体排放量约占全球排放总量的2/3，加快转变公众生活方式已成为减缓气候变化的必然选择。中国科学院一项研究报告也显示，我国居民消费产生的碳排放量占总量的53%，对碳排放的贡献不容忽视。不同国家家庭消费间接碳减排政策之间存在一定的差异，以下是对中国、美国、英国、俄罗斯、瑞典、日本、印度家庭间接碳减排政策的对比。

8.1.1 中国

中国政府在第七十五届联合国大会上明确表示，"中国将提高国家自主贡献的力度，采取更加有力的政策和措施，二氧化碳排放力争于2030年前达到峰值，努力争取2060年前实现碳中和"。2021年发布的《中共中央国务院关于完整准确全面贯彻新发展理念做好碳达峰碳中和工作的意见》提出，加快形成绿色生产生活方式、大力发展绿色低碳产业、加快构建清洁低碳安全高效能源体系、加快推进低碳交通运输体系建设、大力发展节能低碳建筑。在居住碳排放上，2022 年 3 月，住建部发布的《"十四五"建筑节能与绿色建筑发展规划》提出，到 2025 年完成既有建筑节能改造面积 3.5 亿平方米以上，建设超低能耗、近零能耗建筑面积 0.5 亿平方米以上，城镇新建建筑全面建成绿色建筑，建筑能源利用效率稳步提升，建筑用能结构逐步优化，建筑能耗和碳排放增长趋势得到有效控制，基本形成绿色、低碳、循环的建设发展方式。2022 年 5 月，中国首个消费端碳减排量化标准《公民绿色低碳行为温室气体减排量化导则》正式实施，是对消费端行为碳减排量化团体标准的首次探索，填补了公民绿色行为碳减排量化评估标准的空白，其中推荐涉及了衣、食、住、行、用、办公、数字金融七大类共 40 项绿色低碳行为。

　　家庭消费间接碳排放的减排措施可以从食品、衣着、居住、家庭设备用品、医疗保健、文教娱乐、交通通信、其他服务这八方面采取减排措施。中国家庭消费间接碳减排政策主要是从居住、家庭设备用品、交通通信方面制定减排政策。在居住方面，中国政策提倡节能建筑和绿色建筑，通过已有建筑节能改造、建设近零能耗建筑、建设地热能建筑、新增建设太阳能光伏装机容量等措施减少居民在居住方面产生的碳排放。在家庭设备用品方面，中国碳减排政策鼓励大力发展绿色低碳产业，生产低能耗家庭设备，鼓励消费者购买节能绿色家电和设备，如购买绿色环保低能耗的冰箱空调等，并且推广清洁能源在家庭中的使用，如太阳能和风能。在交通通信方面，中国政府推进低碳交通运输体系建设，提倡购买新能源汽车，并对购买新能源汽车的用户给予补贴，提倡共享交通工具的使用，推广电单车的使用。

8.1.2　美国

2021 年 2 月 19 日美国正式重新加入《巴黎协定》，代表美国政府通过宣告等形式推动美国减少碳排放，《巴黎协定》有助于避免灾难性的全球变暖，并在全球范围增强应对气候变化影响的能力。《巴黎协定》的目标是：把全球平均气温升幅控制在工业化前水平以上低于2℃之内，并努力将气温升幅限制在工业化前水平以上1.5℃之内。1992年，美国环保署和能源部启动了"能源之星"计划，该计划是对照明产品、家庭电器、电子产品等进行认证，其目的是降低能源消耗和减少温室气体排放。"能源之星"产品认证对产品的能耗要求比较高，因此消费者能够通过购买"能源之星"认证的产品来降低家庭能源消耗，从而降低家庭间接碳排放。2009年美国通过了《2009年美国清洁能源与安全法》，清洁能源部分包括清洁交通，并规定了绿色建筑标准。2021年3月31日，拜登政府发布《美国就业计划》，提出消费者购买电动车能够享受退税优惠，并将在全美建设充电网点。2021年5月12日，众议院发布《电动汽车自由法案》。2022年，美国《通胀削减法案》通过，通过补贴以支持电动汽车、清洁能源及发电设施的生产和投资，并在医疗保健领域投资以减少处方药价格。

美国降低家庭消费间接碳排放的措施更加倾向于从家庭设备、交通、居住、医疗保健等方面采取措施。美国注重清洁能源的开发和使用，通过投资促进清洁能源产业的发展。在家庭设备用品方面，"能源之星"认证能够帮助消费者识别低能耗产品，如电灯泡、冰箱等产品，减少家庭能源消耗，并且美国政府会采取税收优惠政策以鼓励消费者购买清洁能源产品，以降低家庭购买家用设备时的成本，从而减少家庭消费间接碳排放产生。在交通方面，美国严格把控机动车的排放标准，鼓励消费者购买使用电动汽车和清洁能源汽车，并且完善插电式汽车基础设施的建设，增强电动汽车使用的便利性。在居住方面，美国政府鼓励绿色建筑的发展，采用节能材料和技术，降低家庭能源消耗和碳排放，并且新建住宅和商业建筑达到一定的节能标准，并且可以获得税收减免，这有助于家庭使用绿色建筑，并且税收减免减少家庭在购买房屋上的居住支出，进而减少家庭消费间接碳排放。在医疗保健方面，《通胀削减法案》提出要降低处方药价格，这能够减少家庭成员在医疗上的支出，减少整个家庭在医疗消费上产生的间接碳排放。

8.1.3　英国

2008 年，英国正式颁布《气候变化法案》，成为世界上首个以法律形式明确中长期减排目标的国家。2019 年 6 月，英国新修订的《气候变化法案》正式生效，正式确立到 2050 年实现温室气体"净零排放"，即碳中和。2020 年 11 月，英国政府又宣布一项涵盖 10 个方面的"绿色工业革命"计划，包括加速推广电动车等。2020 年 12 月，英政府再次宣布最新减排目标，承诺到 2030 年英国温室气体排放量与 1990 年相比，至少降低 68%。2021 年，英国发布《国家公共汽车战略》，推动公共汽车行业绿色转型，同年发布"交通脱碳计划"，整合交通运输低碳转型规划，提倡新能源汽车的使用。

根据上述政策内容可知，英国家庭消费间接碳减排政策从交通方面采取措施，推动清洁能源的使用，减少汽油以及柴油汽车的使用，推广新能源汽车的使用，并且提倡大家绿色出行，提倡骑行和步行的出行方式。

8.1.4　俄罗斯

俄罗斯作为世界上的大国，也是世界上最大的石油和天然气生产国之一。2021 年 11 月，俄罗斯总理米哈伊尔·米舒斯京批准了《俄罗斯到 2050 年前实现温室气体低排放的社会经济发展战略》，提出到 2050 年前，俄温室气体净排放量在 2019 年排放水平上降低 60%，同时比 1990 年的这一排放水平降低 80%，并计划于 2060 年之前实现碳中和。2021 年 7 月，俄罗斯首部气候法《2050 年前限制温室气体排放法》出台。俄罗斯的煤炭发电将自然实现逐步减少，据预测到 2050 年煤炭在能源组合中所占的份额可能在 4%～5% 之间，相较于煤炭，天然气的碳排放量平均要低 45%～55%（孙祁和张炳辰，2022）。俄罗斯将逐步实行碳税征收，致力于碳排放交易、碳配额机制、污染者问责机制等，将大力推进液化天然气的开发和使用，俄罗斯实现碳中和的过程会"缓和且平稳"。

俄罗斯是石油和天然气生产大国，其碳减排政策是增加污染程度较低的天然气的使用，减少煤炭的使用量，以承担起保护环境、减少碳排放的责任。

8.1.5 瑞典

瑞典是第一个建立环境保护机构的国家，瑞典环境保护局成立于1967 年。瑞典也是最早实行碳税的国家之一，1995 年起就实行碳税，逐步降低对化石燃料的依赖。截至 2018 年，瑞典能源消费总量中的可再生能源份额接近 55%。瑞典预计 2030 年交通运输业摆脱对化石燃料的依赖，在 2045 年实现温室气体净排放量为零，瑞典将努力成为"全球首个无化石燃料的福利国家"（付一鸣，2021），为实现这一目标，瑞典不断发挥在环保领域的先行优势，在追求经济发展和社会福利的同时实现大幅节能减排。2022 年瑞典宣布将把消费排放纳入国家减排责任，走在了各国碳减排的前列，这意味着在海外制造并进口到瑞典的商品碳排放将被添加到该国的总排放量中。瑞典的《环境法》《规划和建筑法案》等法规对环保减排提出了明确的要求。在交通领域规定了减排义务、提供可再生原料的义务、对新车辆二氧化碳排放的强制要求等，政府部门也从税收、补贴等采取措施（郭丽峰和李晨，2022）。瑞典的碳减排政策如下：2022 年瑞典政府公布了减塑新政，通过增加回收塑料再利用等规定减少塑料对环境的影响，并增加绿色工作岗位，同时禁止销售塑料成分超过 15% 的一次性餐具，包括塑料泡沫餐具，并希望到 2026 年一次性塑料杯子和饭盒的消费量比 2022 年减少 50%。

瑞典是较早倡导低碳的国家，在交通方面，瑞典在经历过两次石油危机后重视发展可再生能源，减少对化石燃料的依赖，使用可再生燃料驱动车辆行驶，瑞典推荐电动汽车使用的普及，并对购买电动汽车的消费者给予一定的补贴，进而减少家庭交通支出，减少家庭消费间接碳排放的产生。在居住方面，瑞典政府通过鼓励和资助家庭进行节能改造，如安装太阳能板、绝缘材料、安装尿分离卫生设施、安装节水型设备等，来降低家庭的能源消耗和碳排放。在其他方面，瑞典重视塑料使用带来的环境破坏，禁止含塑料成分高的产品使用。

8.1.6　日本

2020 年 10 月，日本发布了"2050 碳中和"宣言，首次提出将在2050 年完全实现碳中和，并于 2021 年 5 月将"2050 碳中和"写入《全球变暖对策推进法》。2021 年 4 月，日本宣布新的 2030 温室气体减排目标，即较 2013 年削减 46%，并努力向削减 50% 的更高目标去挑战。2021 年 6 月，日本经济产业省发布最新版《2050 年碳中和绿色增长战略》（以下简称《战略》），2020～2030 年短中期着力提高能效和发展可再生能源，2030～2050 年中长期积极探索氢能、碳捕捉、碳循环等高阶减排技术，该《战略》针对多个产业提出了具体的发展目标和重点发展任务，主要包括海上风电，氨燃料，氢能，核能，汽车和蓄电池，半导体和通信，船舶，交通物流和建筑，食品、农林和水产，航空，碳循环，下一代住宅、商业建筑和太阳能，资源循环，生活方式等。电力行业的脱碳将在一定程度上减少家庭消费间接碳排放的产生，在战略中提出可再生能源无法满足所有的电力需求，到 2050 年将有 50%～60% 的发电量由可再生能源提供，如海上风电产业、氨燃料产业、氢能产业等的发展能够在极大地减少日本在发电上产生的碳排放，进而减少家庭在用电上产生的碳排放。日本将在未来大力推进电动汽车的部署，实现相关技术领域居世界领先地位，最迟于 21 世纪 30 年代中期实现乘用车新车销售 100% 为电动汽车，同时增强蓄电池产业的全球竞争力。日本加速电动汽车的普及，鼓励用户选择和使用电动汽车，打造可持续的出行方式，并且力争在 2050 年实现合成燃料成本低于汽油价格，减少对传统燃料的依赖性，大规模投资动力电池、矿产资源和材料，通过扩大电池规模来降低成本。

日本减少家庭消费间接碳排放的措施如下：日本的电动汽车的普及减

少家庭成员在出行上产生的碳排放，使得出行更加绿色。日本重点推进建筑、资源回收等行业实现"碳中和"，开发先进节能的建筑材料加快下一代光伏电池技术、温控换气等新材料技术在建筑物内的应用，利用建筑新材料等实现居民和商用建筑物的净零碳排放，并且发展资源回收技术，提高对资源的利用效率。日本的这些政策在一定程度上减少家庭消费间接碳排放的产生。

8.1.7 印度

印度总理莫迪在联合国气候峰会 COP26 的开幕式上发表讲话时承诺：印度致力于到 2070 年，实现净零排放目标。其承诺：到 2030 年底，印度的非化石燃料发电产能目标将提高至 500 千兆瓦（此前目标为 450 千兆瓦，目前发电量为 100 千兆瓦）；到 2030 年，印度 50% 的电力将来自可再生能源。2020 年，可再生能源约占 38%；到 2030 年，将碳强度（单位 GDP 的二氧化碳排放量）降低 45%（此前目标为 35%）；到 2030 年，印度将把预计的碳排放总量减少 10 亿吨；到 2070 年，实现碳中和。在2021 年之前，印度的碳排放量仅占全球的 5%。

通过对上述国家碳减排政策的分析可以得知，不同国家对于家庭消费间接碳减排的措施是有所差别的。中国是一个负责任的大国，在面对环境问题时勇于承担责任，制定一系列政策应对环境问题。中国政策的实施从大的方面上致力于技术创新提供更加绿色环保的开发清洁能源、节能建筑材料、节能设备等，从产品生产端上为制造商提供清洁能源、材料的选择，进而消费者在购买商品时能够选择绿色产品及设备，比如清洁能源的电动汽车、节能的空调、冰箱、灯等，并且购买绿色电动汽车政府还会给予相应的补助。同时增强节能环保的宣传力度，鼓励引导消费者购买更加环保的产品，加快形成绿色的生产生活方式，进而减少家庭在消费上产生的间接碳排放量；美国也制定一系列的政策来减少家庭消费产生的间接碳排放量，"能源之星认证"制度、绿色建筑政策、电动汽车政策等为消费者提供了绿色产品的选择及优惠，促进鼓励消费者选择对保护环境有利的产品，比如家电、电动汽车等，减少家庭在家庭设备、交通、居住等方面产生的间接碳排放量；英国主要是从清洁能源发电为家庭用户提供清洁用电、减少家庭出行上碳排放的产生、减少居住上碳排放的产生等方面制定政策，进而促进家庭单位减少消费间接碳排放的产生；俄罗斯是天然气生产的大国之一，其低碳减排政策的特点是"缓和且平稳"，在家庭出行、供暖等方面通过增加天然气使用减少石油消耗来减少家庭消费间接碳排放的产生；瑞典是从各个方面摆脱对于石油等化石燃料的依赖，比如生活用电、日常出行的石油消耗，并宣布将消费碳排放纳入国家责任，同时瑞典政府公布的减塑新政减少对于一次性餐具的使用，减少家庭消费间接碳排放的产生；日本的碳减排政策从家庭日常用电的发电、出行清洁能源电动汽车的使用、家住材料的使用等方面部署低碳减排计划，进而减少以家庭为单位的消费间接碳排放的产生；印度的碳减排政策是减少化石燃料发电，增强可再生能源的使用来减少碳排放。

8.2 不同国家家庭消费间接碳减排经验总结

随着全球气候变化问题日益严峻，减少二氧化碳等温室气体的排放成为全世界关注的焦点（王殿茹和李敏，2022）。家庭消费产生的间接碳排放在全球碳排放中占有一定的比例，是全球碳排放的重要组成部分，因此各个国家制定符合本国国情的碳减排政策以减少碳排放，根据上述对于各个国家制定的家庭间接碳减排政策内容，该部分总结不同国家在家庭间接碳排放碳减排方面的经验，以期为全球碳排放减排提供借鉴和参考。

8.2.1 中国

中国家庭间接碳排放的产生主要来源于能源消耗，近年来，中国在家庭间接碳排放碳减排方面取得了一定的成效，主要经验如下：

第一，政策支持。我国政府高度重视家庭消费间接碳排放减排工作，制定了一系列政策措施。比如在交通出行上，实施新能源汽车补贴政策，鼓励家庭购买新能源汽车，并对购买新能源汽车的用户给予一定的补贴，以减少出行方面石油等化石燃料的使用。同时鼓励公众绿色出行，推广公共交通出行，比如提倡搭乘地铁、公共汽车、骑行、步行的低碳出行方式，减少私家汽车的使用来减少石油等燃料的消耗，同时鼓励家庭采取共享出行、拼车和电动车的做法来降低家庭交通排放。在部分城市实行限号出行的方式来控制汽车日流量，控制汽车的尾气排放。

第二，开发清洁能源。中国通过发展清洁能源，降低化石燃料在能源消费中所占的比重，降低家庭消费间接碳排放量。比如中国大力发展太阳能、风能等可再生资源，建立太阳能发电板和风力发电机，并且广泛应用于人们的日常生活中，增加了对可再生能源的使用。

第三，提高能源使用效率。中国企业响应国家降低碳排放的号召，加大对节能家电等产品的研发和推广力度，通过技术研发提高家庭家电设备的能源使用效率，推动智能家居的使用。产品销售人员通过向消费者介绍该商品的节能环保特点，引导消费者购买高效节能的产品，显著降低家庭能源消耗和碳排放。

第四，加强宣传教育。中国通过各种渠道向学生、居民宣传低碳生活方式，加强低碳教育，提高公众的环保意识，鼓励家庭践行低碳生活方式，比如进行垃圾分类、随手关灯、节约用水用电、废弃物二次利用等。

综上所述，中国在家庭间接碳排放减排方面的经验包括政策支持、开发清洁能源、提高能源使用效率、加强宣传教育等。在今后的工作中，中国将会继续深化实施这些政策措施，进一步完善家庭消费间接碳排放减排的政策体系，以实现低碳发展的目标。这些经验可以为其他国家家庭提供参考，共同致力于减少碳排放，保护地球环境。

8.2.2　美国

美国的碳减排政策经过多年的发展，形成了政府利用政策法案引导的减排模式，通过税收、财政补贴等手段促进碳排放的减少。美国家庭消费间接碳减排经验总结如下所示：

第一，"能源之星认证"政策。该政策的实施促使生产者进行绿色技术创新，以生产出降低能源消耗的产品，进而提高产品在市场上的竞争力。同时该项政策为消费者辨别了低能耗的产品，使得消费者能够选择低能耗的家用电器等产品，从而减少家庭设备用品方面的家庭消费间接碳排放的产生。

第二，税收优惠政策。美国的税收优惠政策鼓励消费者购买美国的清洁能源产品，该项政策能够降低家庭购买家用设备时的成本，进而减少家庭消费间接碳排放的产生，同时也能够增强消费者购买清洁能源产品的积极性。

第三，推广清洁能源汽车。美国增加充电桩的建设，使得电动汽车使用更加方便，并且美国对于购买电动汽车的消费者实行退税的优惠政策，鼓励消费者购买节能环保的汽车，这体现了美国对于清洁能源使用的重视程度。

美国从消费者购买的产品生产端进行严格把控，使更多绿色高效能的产品流向市场，同时税收优惠政策也在一定程度上引导鼓励消费者购买环保节能低碳的产品。

8.2.3　英国

在第一次工业革命和第二次工业革命中，英国的经济发展对于煤炭的依赖程度比较高，为了保障能源的使用，英国逐渐开始开发使用新型能源，减少对化石能源的依赖。通过对英国的碳减排政策分析，对英国家庭消费间接碳排放碳减排经验总结如下：

英国从清洁能源发电、绿色出行、绿色建筑等方面采取碳减排措施，来减少家庭消费间接碳排放的产生。并且英国预计在十年之内建设首个氢能供能的城镇，这对其他城镇的建设起到一个模范带头的作用，有利于整个国家低碳减排政策的实施。

英国应对气候的变化有一定的法律和政策支持，并制定了长期的二氧化碳减排目标，引导民众践行低碳行为。

8.2.4 俄罗斯

俄罗斯作为世界能源大国，也是世界上石油和天然气的生产大国之一，其表示将降低石油、天然气的使用比例进而减少碳排放的产生。俄罗斯家庭消费间接碳减排经验总结如下：

俄罗斯是石油、天然气生产的大国之一，其低碳减排政策并不是完全禁止天然气、石油的使用。虽然天然气的使用也会带来二氧化碳的排放，但是相较于煤炭，俄罗斯选择相对清洁的天然气的使用来减少碳排放。并且将逐步实行碳税征收，致力于碳排放交易、碳配额机制、污染者问责机制等，俄罗斯的这种碳减排途径能够更好地给国情相似的国家提供低碳减排经验。

俄罗斯相较于其他国家，其在应对气候变化方面的脚步要慢一些，其根据国家发展的实际情况制定碳减排政策，在实现"碳中和"的过程中力求"缓和且平稳"。

8.2.5 瑞典

瑞典对于国家环境的保护是比较重视的，是最早实行碳税的国家之一，也是第一个建立环保机构的国家，其在碳减排中的经验值得我们进行学习。瑞典家庭消费间接碳减排经验总结如下：

瑞典致力于成为"全球首个无化石燃料的福利国家"，使得家庭在用电、出行等方面使用的能源更加清洁，进而减少碳排放的产生。瑞典对于家庭消费间接碳减排的政策同样是从能源、税收等方面进行，但是瑞典的"减塑新政"体现了其对塑料使用产生的环境污染的重视，是值得全球国家进行学习和借鉴的。减少对于塑料的使用也是减少家庭消费间接碳排放的举措，对环境的保护起着一定的作用。

瑞典相较于其他国家的减排政策，在提倡减少化石燃料的使用开发新能源的同时，瑞典关于塑料使用的立法详细且具体，为减少碳排放提供了经验。

8.2.6　日本

日本是一个四面环海的国家，石油和天然气等资源匮乏，其致力于发展可再生能源，减少碳排放。日本家庭消费间接碳减排经验总结如下：

日本政府提倡"低碳社会"理念，通过立法和政策引导家庭和企业减少碳排放。例如，日本推广智能家居系统，提高住宅能源利用效率；鼓励家庭购买电动汽车，对购买低碳家电的家庭给予税收优惠；开展绿色出行宣传活动，提高公众环保意识。日本也是一个非常重视垃圾分类的国家，通过进行垃圾分类和回收的方式来减少家庭垃圾产生的碳排放。此外，由于日本地理位置的特殊性，其利用海上风力来发电，以减少化石能源消耗，减少二氧化碳的产生。

日本是一个极度重视垃圾分类的国家，这种举措在一定程度上减少环境污染，提高资源利用，并且重视清洁能源的使用，为其他国家的碳减排提供经验。

8.2.7　印度

印度的经济发展速度比较快，但是随之带来的环境污染问题也比较严重，据悉印度90%以上的人口生活环境空气质量低于世界卫生组织标准，但是印度也致力于环境污染治理。有关印度家庭消费间接碳减排经验总结如下：

印度是从提高非化石燃料的产能、增加可再生资源的使用比例占比等方面来减少碳排放，为一些国家的低碳减排提供了经验。

综上所述，不同国家在家庭碳减排方面的经验主要包括制定严格的能源效率标准和法规，实施激励政策推广节能产品；推广绿色出行，降低交通碳排放；开展低碳生活方式宣传教育，提高公众环保意识；实施碳交易体系和税收政策，引导家庭和企业减少碳排放。不同国家在家庭消费间接碳减排方面采取了不同的政策措施，都取得了一定的成效，各国可以根据自身国情和需求，借鉴其他国家的成功经验，进一步推动家庭碳减排工作，共同致力于减少碳排放，保护地球环境。

8.3　正式环境规制下云南家庭消费间接碳减排对策

　　环境规制的目的是保护生态环境，促进可持续发展，维护人类健康，并通过规范和引导社会行为，实现环境资源的有效配置。环境规制旨在降低污染物排放，提高资源利用效率，减少环境污染，促进绿色经济发展。正式环境规制和非正式环境规制是环境规制的两种主要形式。

　　正式环境规制主要是指政府通过立法、行政命令、政策指引等手段对环境污染行为进行规范和约束。正式环境规制具有权威性、强制性、规范性的特点。正式环境规制的目的是通过明确的法律责任和政策导向，促使企业和个人在生产、生活活动中充分采取措施保护环境。正式环境规制体现出了政府保护环境的主动性，根据前文研究的结论可知：正式环境规制对家庭消费间接碳排放水平存在着显著的负向作用，即正式环境规制水平的提升会降低本地区家庭消费间接碳排放水平，有效减少本地区的家庭消费间接碳排放量。在空间溢出效应上，正式环境规制发展水平对本地区的家庭消费间接碳排放有负向影响，但是对相邻州市的影响并不明显。根据上述的研究结论，对正式环境规制下云南省的家庭消费间接碳排放碳减排提出了以下的对策：

　　第一，严格执行云南政府制定的环境法律法规。根据上述的研究结论可知，正式环境规制水平的提高会对本地家庭消费间接碳排放的提高有着抑制作用，因此云南省政府增强环境法律法规的制定能够有效抑制家庭消费间接碳排放。我国制定了一系列保护环境的法律法规，生态环境保护的法律已经有 30 余部，如《中华人民共和国环境保护法》《中华人民共和国大气污染防治法》等，依据环境法律法规的规定，对违反环境保护规定的行为进行处罚，确保环境保护政策的实施。云南生态环境厅根据国家环境保护的政策出台了《云南省大气污染防治条例》《云南省环境保护条例》等有关环境保护、生物多样性保护的地方法规，云南省政府紧跟国家保护环境政策制定出云南省环境保护的法规，为了增强法律法规的效力，要严格执行法律法规中相关的规定，按照规定对破坏环境的行为进行处罚，以法律效力对环境污染行为进行规范和约束，进而保护环境减少碳排放。

第二，严格把控企业非法排污行为。部分企业会在政府部门不允许的情况下私自进行非法排放，或者非法排放未达标的污染物，对于这种情况就需要相关部门加强工作力度，对企事业单位的环境保护工作进行严格监管。不定期对企业排放物进行达标检测，对于不达标排放企业加强惩罚力度，引以为戒。严格把控企业非法排污行为能够促使企业在产品生产过程中降低碳排放，激励企业探索绿色低碳的生产方式，生产出更加低碳绿色的产品，从而消费者在消费时能够购买到碳排放低的绿色产品。

第三，加强科技绿色创新。前文中提出恰当的环境规制能够激发企业的创新能力和产品研发能力，从而技术创新能够部分甚至完全抵消成本增加劣势，但是技术创新并没有产生理论上的预期的推动作用，反而成为阻碍节能减排的主要因素，主要是因为研发经费多数用于生产技术创新，而不是绿色技术创新。云南省政府可以增加科研机构、企业的研发基金支持，鼓励科研机构和企业加大低碳绿色技术研发投入，鼓励企业在生产过程中应用低碳绿色技术，降低生产过程中的碳排放，鼓励企业生产出低碳的绿色产品，进而增加消费者购买到低碳产品的可能性。

第四，加强节能宣传教育。云南省政府可以通过政府官网、当地政府公众号等渠道加强对于居民节能的宣传教育，加大宣传的力度，提高广大人民群众的环保意识，使家庭认识到低碳消费重要性，认识到节能减排不仅是企业的任务，更是每一位居民的责任，从而主动减少家庭消费间接碳排放，让家庭成员认识到自己日常生活的消费也会产生碳排放，提高家庭对于节能减排的认识，鼓励家庭成员养成良好的生活方式，比如控制空调的使用时间、购买 LED 节能灯、对垃圾进行分类、减少一次性餐具的使用、随手关灯等行为，同时倡导绿色节约的生活方式，比如使用环保购物袋、水资源循环利用等，引导家庭树立绿色消费观念。

第五，推广节能家电的使用。家庭用电费用是居民生活中不可忽视的支出之一，尤其是炎热夏季来临时家庭中空调、冰箱、风扇的使用，冬季时空调暖气的使用等，在一定程度上增加了需要缴纳的电费。云南省政府可以制定相关政策提高消费者购买节能家电的积极性，政府可以制定实施补贴和优惠政策，对购买节能家电的消费者给予金钱补贴。通过金钱奖励来降低消费者购买节能家电的成本，提高消费者需求，推动节能家电的普及和推广。同时建立检测认证机制，加强对节能家电产品的质量监管，确保市场上销售的产品符合节能标准。

第六，推广绿色能源使用。能源消费结构变量在云南省五大区域的系数均显著为负，主要原因在于云南省的能源禀赋结构决定了长期能源消费结构的不合理，而以煤炭消费为主将长期羁绊提升节能减排效率目标的实现，因此提出了推广绿色能源使用的建议。推广绿色能源的使用是国家所倡导的，云南省政府可以通过制定补贴、优惠政策等手段，鼓励和引导企业和家庭使用可再生能源。云南省环境具有日照强、一定时期内风力大的特点，云南省政府可以根据云南自身环境特点，加强对太阳能、风能的开发和使用，鼓励家庭安装太阳能、风能等可再生能源设备，减少对传统能源的依赖，降低碳排放。

第七，推广绿色出行。书中对于八种家庭消费支出类型的隐含碳排放强度进行测算时可知，2012~2021 年交通通信的碳排放强度一直是处于最高的状态，由此可知人们在日常出行中产生的碳排放是比较高的。云南省由于地理位置的原因，道路多为陡峭的坡路，这就促使消费者优先考虑购买动力强的耗油摩托车、耗油汽车等作为出行工具。根据上述分析，云南省政府应加强对于电动单车、电动汽车电池等的研发支持，促使相关企业研发出续航量更长、动力更强的电动单车、汽车等，促进消费者购买绿色交通工具，并对于购买绿色交通工具的消费者给予一定的优惠补贴，这样能够有效减少汽车尾气的排放，提高环境的空气质量。云南省政府也可以建立更加完善的公共交通设施，提高服务的质量，比如加强对于共享单车、共享汽车的管理，提高使用的方便性，提倡绿色出行方式。

第八，加强垃圾分类处理。"垃圾是放错位置的资源"，对垃圾进行分类处理，提高资源的利用率能够减少资源浪费和减少碳排放的产生。云南省政府可以制定有关垃圾分类的法律法规，并且提供相应的政策支持以激励家庭进行垃圾分类。比如在垃圾分类设施上，政府可以增加垃圾分类的容器数量，便于家庭进行垃圾分类处理。在垃圾分类的管理上，相关部门加强对于家庭垃圾分类行为的执法和监管，对不遵守垃圾分类政策的个人或家庭进行相应的处罚和惩戒，以保持垃圾分类制度的有效性；在垃圾分类的激励机制上，对于积极参加垃圾分类的家庭给予一定的奖励或积分，或者对于可回收利用的垃圾设置相应的回收装置，使家庭成员在按照要求放置回收物后就可以立即获得对应价值的金钱奖励，进而鼓励家庭积极参与垃圾分类，以激发更多家庭垃圾分类的积极性。

第九，推广绿色建筑使用。居住在家庭消费间接碳排放中所占的比例是比较高的，鼓励家庭在购房时考虑购买绿色建筑能够在一定程度上减少家庭消费间接碳排放的产生。云南省是一个冬暖夏凉的地方，其本身具有一定的气候优势，云南省政府可以制定相应的政策和法规，对购买绿色建筑的消费者给予贷款优惠、折扣价等支持，激励消费者购买绿色建筑，减少在居住消费上的碳排放。

综上所述，正式环境规制下云南省政府可以从严格执行云南省政府制定的环境法律法规、严格把控企业非法排污行为、加强科技创新、加强节能宣传教育、推广节能家电的使用、推广绿色能源使用、推广绿色出行、加强垃圾分类处理、推广绿色建筑使用等方面制定对策进而减少家庭消费间接碳排放的产生。

8.4 非正式环境规制下云南家庭消费间接碳减排对策

非正式环境规制是指在正式环境规制之外，通过社会舆论、公民参与、市场机制等手段对环境污染行为进行约束。非正式环境规制具有自发性、广泛性和多样性的特点，体现了居民保护环境的自觉性。非正式环境规制的目的是激发社会活力，推动环境保护事业发展。根据上文的研究结论可知：非正式环境规制对家庭消费间接碳排放水平存在着显著的负向作用，说明非正式环境规制水平的提高会对本地家庭消费间接碳排放的提高有着抑制作用，能够有效减少本地区的家庭消费间接碳排放量。根据上述的研究结论，结合非正式环境规制的特点，对非正式环境规制下云南省的家庭消费间接碳排放碳减排提出了以下的对策：

第一，社会舆论引导。减少家庭消费间接碳排放仅靠政府的正式环境规制是不足够的，还需要社会、企业、居民的齐心协力。非正式环境规制下减少云南省家庭的消费间接碳排放需要借助媒体、网络等社交平台的力量，目前抖音、快手等短视频平台比较受大众欢迎，也有部分用户通过拍视频的方式自行宣传倡导大家保护环境，通过这种个人宣传的方式加强保护环境力度，提高公众对低碳消费的认识和重视。同时也可以通过社交媒体对环境违法行为进行曝光，形成舆论压力，促使相关部门和企业采取措施解决问题，如近年来舆论对环境问题的关注，推动了政府加强对于企业污染物的治理，也提高企业保护环境的自觉性，加大企业保护环境的治理力度。

第二，民间群众参与。鼓励民间群众自发组织和参与环境保护的公益活动，如清洁海滩垃圾，清洁景区垃圾、自发种植花草树木、开展垃圾分类教育等活动，增强公众对环境保护行为的认识，提高居民环境保护的参与度。民间群众也可以组织低碳生活方式的培训和讲座，开展垃圾分类小课堂、快递盒回收等日常环保公益活动，帮助家庭了解和掌握低碳生活技巧，同时让家庭了解消费间接碳排放是怎样存在于日常生活中的，以及怎样产生的，进而提高家庭的环保意识，减少碳排放。此外民间群众可以自发建立回收设施和回收站点，为居民提供便利的回收服务。比如设立回收站点收集可回收垃圾、电子废弃物、家具等，家庭可以将分类好的垃圾送往回收站点进行处理。

第三，环保公益活动。小区物业可以定期组织居民参与环保公益活动，为居民提供场地，提倡大家将家里的闲置物品如洗衣机、空调、电脑、沙发、桌子等物品进行二次销售，或者居民之间可以把等价商品进行互换，提高物品的使用时长和利用率，提高公众对环境保护的关注度。居民也可以将闲置物品进行义卖并把筹得的钱款用于支持环保项目，进而促进家庭低碳消费。

第四，企业社会责任。云南省当地的企业应该加强自身绿色品牌形象的建设，在消费者面前树立环保形象和品牌形象，在低碳减排上应当起到带头的作用，积极承担并履行相应的社会责任。比如利用企业在社会上的影响力宣传环保理念，并且增强对于绿色技术创新产品的研发投入，生产出节能环保的产品，为消费者提供绿色低碳的产品，推动绿色供应链建设。企业还可以通过参与环保公益项目、科普教育等形式，增强环保意识和责任感，推动企业和社会的共同进步。企业可以自发开展低碳生产和技术改造，降低碳排放强度。同时鼓励家庭举报企业破坏环境的违法行为，共同维护生态环境。

第五，环保教育。环保教育即以教育的手段开展社会实践活动，将环境保护知识融入到教育体系，从儿童时期培养环保意识。学校可以开展低碳教育实践活动，让学生将环保理念带入家庭和生活中去。同时公司、社区也可以开展环保教育活动，让环保低碳理念融入生活中的方方面面。

第六，个性化低碳服务。云南是旅游业发达的省份，云南省的旅游机构可以和餐饮业等合作发展低碳旅游、低碳餐饮等个性化服务，制定一系列低碳旅游计划，为消费者提供绿色、低碳的消费选择。企业也可以创新低碳产品和服务，满足家庭多样化的低碳需求。

第七，个人责任。家庭成员可以采取以下措施来降低能源消耗，比如使用能效更高的家电设备，合理安排用电时间，关闭不必要的电器设备，安装节能灯具等，这些举措可以减少家庭对能源的使用，从而降低碳排放；家庭可以采取节约用水的措施来降低家庭消费间接碳排放，比如减少淋浴的用水量，收集雨水用于植物浇水，淘米水实现二次利用等，这些措施不仅可以节约水资源，还可以减少用于供水和废水处理的能源消耗；家庭也可以通过减少废弃物产生来减少消费间接碳排放，如减少一次性产品的使用、进行废弃物分类和回收、将废弃物二次利用等，这些措施可以减少废弃物的焚烧和填埋，减少与其相关的碳排放；减少快递产品的购买，这种措施不仅可以有效减少废弃物的产生，而且能够减少产品运输距离，进而减少交通方面产生的碳排放。此外，将剩余食物进行正确处理，如堆肥或回收也能进一步减少碳排放；家庭成员出行选择低碳交通方式，比如选择步行、骑自行车、使用公共交通工具或拼车等低碳交通方式，能够减少家庭消费间接碳排放，减少私人汽车使用频率，减少汽车尾气排放，进而对环境产生积极影响；家庭成员积极使用可再生能源，考虑利用太阳能或风能等可再生能源来满足家庭的能源需求，比如安装太阳能热水器或光伏电池板，使用风能发电设备等，减少对传统能源的依赖，降低间接碳排放；增强家庭成员环保意识，从生活习惯、消费选择到资源利用等方面，培养低碳生活方式。

正式环境规制可以有效降低家庭消费间接碳排放，而非正式环境规制也能够有效减少家庭消费间接碳排放。通过上述非正式环境规制下的措施，可以有效促进云南省家庭消费间接碳减排。需要注意的是，这些措施需要政府、企业、社会组织和个人共同参与，形成合力，以实现低碳减排目标。

参考文献

［1］ Aldy, J. E. An Environmental Kuznets Curve Analysis of U. S. State-Level Carbon Dioxide Emissions ［J］. Journal of Environment & Development, 2005, 14 (1): 48-72.

［2］ Bassett, Gilbert W. , Roger Koenker, and Gregory Kordas. Statistical Data Analysis Based on the L 1-Norm and Related Methods ［J］. Birkhäuser Basel, 2002 (3): 757-760.

［3］ Blair, Benjamin F. , and Diane Hite. The Impact of Environmental Regulations on the Industry Structure of Landfills ［J］. Growth and Change, 2005, 36 (4): 529-550.

［4］ Boyd, Gale A. , and John D. McClelland. The Impact of Environmental Constraints on Productivity Improvement in Integrated Paper Plants ［J］. Journal of Environmental Economics and Management, 1999, 38 (2): 121-142.

［5］ Büchs M, Schnepf S V. Who Emits Most? Associations between Socio-economic Factors and UK Households' Home Energy, Transport, Indirect and Total CO_2 Emissions ［J］. Ecological Economics, 2013 (90): 114-123.

［6］ Cheng, Z. The Spatial Correlation and Interaction between Manufacturing Agglomeration and Environmental Pollution ［J］. Ecological Indicators, 2016, 61 (2): 1024-1032.

[7] Cropper, Maureen L., and Wallace E. Oates. Environmental Economics: A Survey [J]. Journal of Economic Literature, 1992, 30 (2): 675-740.

[8] Duarte R., Mainar A., Sánchez-Chóliz J. The Impact of Household Consumption Patterns Onemissions in Spain [J]. Energy Economics, 2010, 32 (1): 176-185.

[9] Feng Z H, Zou L L, Wei Y M. The Impact of Household Consumption on Energy Use and CO_2 Emissions in China [J]. Energy, 2011, 36 (1): 656-670.

[10] Gray, Wayne B., and Ronald J. Shadbegian. Environmental Regulation, Investment Timing, and Technology Choice [J]. The Journal of Industrial Economics, 1998, 46 (2): 235-256.

[11] Hamamoto, Mitsutsugu. Environmental Regulation and the Productivity of Japanese Manufacturing Industries [J]. Resource and Energy Economics, 2006, 28 (4): 299-312.

[12] Hansen, Bruce E. Threshold Effects in Non-dynamic Panels: Estimation, Testing, and Inference [J]. Journal of Econometrics, 1999, 93 (2): 345-368.

[13] Hovardas T. Two Paradoxes with One Stone: A Critical Reading of Ecological Modernization [J]. Ecological Economics, 2016, 130 (2): 1-7.

[14] Iraldo, Fabio, Francesco Testa, and Marco Frey. Is an Environmental Management System Able to Influence Environmental and Competitive Performance? The Case of the Eco-management and Audit Scheme (EMAS) in the European Union [J]. Journal of Cleaner Production, 2009, 17 (16): 1444-1452.

[15] Jaffe, Adam B., and Karen Palmer. Environmental Regulation and Innovation: A Panel Data Study [J]. Review of Economics and Statistics, 1997, 79 (4): 610-619.

［16］Jones C M, Kammen D M. Quantifying Carbon Footprint Reduction Opportunities for U. S. Households and Communities ［J］. Environmental Science & Technology, 2011, 45 (9): 4088-4095.

［17］Kahn M. The Environmental Impact of Suburbanization ［J］. Journal of Policy Analysis and Management, 2000 (4): 569-586.

［18］Kenny T., Gray N. F. A Preliminary Survey of Household and Personal Carbon Dioxide Emissions in Ireland ［J］. Environment International, 2009, 35 (2): 259-272.

［19］Kim Y., Yoo J., Oh W. Driving Forces of Rapid CO_2 Emissions Growth: A Case of Korea ［J］. Energy Policy, 2015 (82): 144-155.

［20］Kneller, Richard, and Edward Manderson. Environmental Compliance Costs and Innovation Activity in UK Manufacturing Industries ［J］. School of Economics, 2010 (2): 245-254.

［21］Kok R, Benders R M J, Moll H C. Measuring the Environmental Load of Household Consumption Using Some Methods Based on Input－output Energy Analysis: A Comparison of Methods and a Discussion of Results ［J］. Energy Policy, 2006, 34 (17): 2744-2761.

［22］Lanoie, Paul, et al. Environmental Policy, Innovation and Performance: New Insights on the Porter Hypothesis ［J］. Journal of Economics & Management Strategy, 2011, 20 (3): 803-842.

［23］Lenzen M. Primary Energy and Greenhouse Gases Embodied in Australian Final Consumption: An Input－output Analysis ［J］. Energ Policy, 1998 (26): 495-506.

［24］Li C., Wu K., Gao X. Manufacturing Industry Agglomeration and Spatial Clustering: Evidence from Hebei Province, China ［J］. Environment, Development and Sustainability, 2019 (22): 2941-2965.

［25］Liu X Y, Wang X E, Song J N, et al. Indirect Carbon Emissions of Urban Households in China: Patterns, Determinants and Inequality ［J］.

Journal of Cleaner Production, 2019 (241): 118335.

［26］Markaki M. Belegri-Roboli A, Sarafidis Y, et al. The Carbon Footprint of Greek Households (1995-2012) ［J］. Energy Policy, 2017 (100): 206-215.

［27］Nachtigall, Daniel, Ruebbelke, et al. The Green Paradox and Learning-by-doing in Therenewable Energy Sector ［J］. Resource and Energy Economics, 2016 (2): 177-185.

［28］Pachauri S., Spreng D. Direct and Indirect Energy Requirements of Households in India ［J］. Energy Policy, 2002, 30 (6): 511-523.

［29］Park H. C., Heo E. The Direct and Indirect Household Energy Requirements in the Republic of Korea from 1980 to 2000—An In-put-output analysis ［J］. Energy Policy, 2007 (35): 2839-2851.

［30］Pashigian, B. Peter. The Effect of Environmental Regulation on Optimal Plant Size and Factor Shares ［J］. The Journal of Law and Economics, 1984, 27 (1): 1-28.

［31］Porter, Michael E., and Claas van der Linde. Toward A New Conception of the Environment-competitiveness Relationship ［J］. Journal of Economic Perspectives, 1995, 9 (4): 97-118.

［32］Rassier, Dylan G., and Dietrich Earnhart. The Effect of Clean Water Regulation on Profitability: Testing the Porter Hypothesis ［J］. Land Economics, 2010, 86 (2): 329-344.

［33］Sohag K, Begum R A, Abdullah S M S. Dynamic Impact of Household Consumption on Its CO_2 Emissions in Malaysia ［J］. Environment Development and Sustainability, 2015, 17 (5): 1031-1043.

［34］Stigler G J. The Theory of Economic Regulation ［J］. Bell Journal of Economics & Management Science, 1971, 2 (1): 3-21.

［35］Tapio, Petri. Towards a Theory of Decoupling: Degrees of Decoupling in the EU and the Case of Road Traffic in Finland between 1970 and

2001 [J]. Transport Policy，2005，12（2）：137-151.

[36] Telle，Kjetil，Jan Larsson. Do Environmental Regulations Hamper Productivity Growth? How Accounting for Improvements of Plants' Environmental Performance Can Change the Conclusion [J]. Ecological Economics，2007，61（2-3）：438-445.

[37] Villegas-Palacio，Clara，Jessica Coria. On the Interaction between Imperfect Compliance and Technology Adoption：Taxes Versus Tradable Emissions Permits [J]. Journal of Regulatory Economics，2010（38）：274-291.

[38] Walter I，Ugelow J L. Environmental Policies in Developing Countries [J]. Ambio，1979，8（2）：102-109.

[39] Xu X，Tan Y，Chen S，etal. Urban Household Carbon Emission and Contributing Factors in the Yangtze River Delta，China [J]. PloS One，2015，10（4）：e0121604.

[40] 曹念. 城市生活垃圾处理设施水平和城市经济发展的关系研究 [D]. 北京：北京交通大学，2014.

[41] 柴泽阳，孙建. 中国区域环境规制"绿色悖论"研究——基于空间面板杜宾模型 [J]. 重庆工商大学学报（社会科学版），2016，33（6）：33-41.

[42] 陈超凡. 节能减排与中国工业绿色增长的模拟预测 [J]. 中国人口·资源与环境，2018，28（4）：145-154.

[43] 陈德第，李轴，库桂生. 国防经济大辞典 [M]. 北京：军事科学出版社，2001.

[44] 陈德敏，张瑞. 环境规制对中国全要素能源效率的影响——基于省际面板数据的实证检验 [J]. 经济科学，2012（4）：49-65.

[45] 陈多长，王一敏，虞晓芬. 新时代"更舒适居住条件"的内涵、评价标准与发展路径 [J]. 建筑与文化，2023（6）：153-156.

[46] 陈海燕. 长三角地区居民消费对碳排放的影响研究 [D]. 合肥：合肥工业大学，2013.

［47］崔盼盼，张艳平，张丽君，等．中国省域隐含碳排放及其驱动机理时空演变分析［J］．自然资源学报，2018，33（5）：879-892.

［48］邓林昊，檀东昊，吴小刚．低碳背景下乡村建设行动的三方演化博弈分析［J］．乡村论丛，2022（5）：68-75.

［49］丁凡琳，陆军，赵文杰．城市居民生活能耗碳排放测算及空间相关性研究［J］．经济问题探索，2019（5）：40-49.

［50］丁澜．广东省居民食品消费碳排放空间差异研究［D］．广州：广州大学，2013.

［51］丁利杰，朱泳丽．中国交通运输业碳排放区域差异及脱钩效应［J］．东南学术，2023（4）：162-174.

［52］董琨，白彬．中国区域间产业转移的污染天堂效应检验［J］．中国人口·资源与环境，2015，25（S2）：46-50.

［53］杜威，樊胜岳．城镇化进程中居民生活碳排放动态特征分析［J］．生态经济，2016，32（5）：48-52+101.

［54］方时姣．绿色经济视野下的低碳经济发展新论［J］．中国人口·资源与环境，2010，20（4）：8-11.

［55］丰霞，智瑞芝，董雪旺．浙江省居民消费间接碳足迹测算及影响因素研究［J］．生态经济，2018，34（3）：23-30.

［56］冯玲，吝涛，赵千钧．城镇居民生活能耗与碳排放动态特征分析［J］．中国人口·资源与环境，2011，21（5）：93-100.

［57］付一鸣．瑞典向全球首个无化石燃料国家迈进［J］．福建质量技术监督，2021（3）：60.

［58］傅京燕．产业特征、环境规制与大气污染排放的实证研究——以广东省制造业为例［J］．中国人口·资源与环境，2009，19（2）：5.

［59］高苇，成金华，张均．异质性环境规制对矿业绿色发展的影响［J］．中国人口·资源与环境，2018，28（11）：150-161.

［60］郭丽峰，李晨．瑞典实现碳中和目标战略、科研部署及相关政策研究［J］．全球科技经济瞭望，2022，37（5）：67-70.

［61］韩晶，陈超凡，施发启．中国制造业环境效率、行业异质性与最优规制强度［J］.统计研究，2014，31（3）：61-67.

［62］郝田田．环境规制对碳排放强度的影响［D］.南昌：江西财经大学，2022.

［63］何小钢，张耀辉．技术进步、节能减排与发展方式转型——基于中国工业 36 个行业的实证考察［J］.数量经济技术经济研究，2012，29（3）：15.

［64］何玉梅，罗巧，朱筱薇．环境规制、生态创新与企业竞争力——基于矿产资源企业数据的分析［J］.商业研究，2018（3）：132-137.

［65］胡安俊，孙久文．中国制造业转移的机制、次序与空间模式［J］.经济学（季刊），2014，13（4）：1533-1556.

［66］黄清煌，高明．中国环境规制工具的节能减排效果研究［J］.科研管理，2016（6）：19-27.

［67］荆文娜．消费医疗加速扩面终端需求快速释放［N］.中国经济导报，2023-08-26（008）.

［68］柯灵儿．2001—2021 年我国城镇与农村居民医疗保健消费倾向对比分析［J］.中国初级卫生保健，2023，37（8）：14-17.

［69］蓝虹，王柳元．绿色发展下的区域碳排放绩效及环境规制的门槛效应研究——基于 SE-SBM 与双门槛面板模型［J］.软科学，2019，236（8）：77-81+101.

［70］李斌，曹万林．环境规制对我国循环经济绩效的影响研究——基于生态创新的视角［J］.中国软科学，2017（6）：140-154.

［71］李光全，聂华林，杨艳丽，等．中国农村生活能源消费的空间格局变化［J］.中国人口·资源与环境，2010，20（4）：29-34.

［72］李国柱，代爱林，孙进欣．吉林省居民生活消费的间接碳排放特征及影响因素［J］.水土保持通报，2016，37（3）：146-151.

［73］李剑．转型期我国城镇居民衣着消费行为升级的实证分析

[J]．产业经济评论，2010，9（1）：93-103.

[74] 李菁，李小平，郝良峰．技术创新约束下双重环境规制对碳排放强度的影响 [J]．中国人口·资源与环境，2021，31（9）：34-44.

[75] 李科．我国城乡居民生活能源消费碳排放的影响因素分析 [J]．消费经济，2013，29（2）：73-80.

[76] 李明伟．环境规制下绿色金融对区域碳排放的影响 [D]．济南：山东财经大学，2022.

[77] 李娜．制造业服务化对出口贸易隐含碳排放影响研究 [D]．北京：中国社会科学院，2022.

[78] 李瑞前，张劲松．不同类型环境规制对地方环境治理的异质性影响 [J]．商业研究，2020（7）：36-45.

[79] 李树，陈刚．环境管制与生产率增长——以 APPCL2000 的修订为例 [J]．经济研究，2013，48（1）：17-31.

[80] 李文东，尹传文．低碳经济与环境规制的实证分析 [J]．经济研究导刊，2010（13）：3.

[81] 李云雁．环境管制与企业技术创新：政策效应比较与政策配置 [J]．浙江社会科学，2011（12）：48-55+154-155.

[82] 梁学文．京津冀碳排放的地区差异及其影响因素分析 [D]．天津：天津财经大学，2020.

[83] 廖双红，肖雁飞．污染产业区域间转移与中部地区碳转移空间特征及启示 [J]．经济地理，2017，37（2）：132-140.

[84] 林伯强，蒋竺均．中国二氧化碳的环境库兹涅茨曲线预测及影响因素分析 [J]．管理世界，2009（4）：27-36.

[85] 林伯强，刘希颖，邹楚沅，等．资源税改革：以煤炭为例的资源经济学分析 [J]．中国社会科学，2012（2）：58-78+206.

[86] 林伯强，邹楚沅．发展阶段变迁与中国环境政策选择 [J]．中国社会科学，2014（5）：81-95+205-206.

[87] 刘莉娜，曲建升，黄雨生，等．中国居民生活碳排放的区域差

异及影响因素分析［J］.自然资源学报，2016，31（8）：1364-1377.

［88］刘书玲.中国省域二氧化碳减排目标与成本分担策略研究［D］.北京：中国矿业大学，2019.

［89］龙小宁，万威.环境规制、企业利润率与合规成本规模异质性［J］.中国工业经济，2017（6）：155-174.

［90］卢彬彬，高雪彤.居住支出对城镇居民家庭消费结构的影响研究——基于北京市租赁住房家庭相关消费数据的分析［J］.价格理论与实践，2023（8）：101-104+209.

［91］孟斌，王劲峰，张文忠，刘旭华.基于空间分析方法的中国区域差异研究［J］.地理科学，2005，25（4）：11-18.

［92］米子扬.建设全域"四好农村路"打通乡村振兴"快车道"［N］.商洛日报，2023-11-16（005）.

［93］宓泽锋，曾刚.生态省建设对生态创新和经济发展的影响——基于波特假说的拓展［J］.经济问题探索，2018（2）：163-168.

［94］莫艳.长江经济带居民消费间接碳排放时空格局及影响因素研究［D］.武汉：华中科技大学，2021.

［95］聂爱云，何小钢.企业绿色技术创新发凡：环境规制与政策组合［J］.改革，2012（4）：102-108.

［96］潘安.中国农业贸易的碳减排效应研究［J］.华南农业大学学报（社会科学版），2017，16（4）：25-33.

［97］潘文卿，刘婷，王丰国.中国区域产业 CO_2 排放影响因素研究：不同经济增长阶段的视角［J］.统计研究，2017，34（3）：30-44.

［98］庞梦伊.中国城乡居民食品消费碳排放时空演变特征及影响因素分析［D］.长春：吉林大学，2023.

［99］庞庆华，周未沫，杨田田.长江经济带碳排放，产业结构和环境规制的影响机制研究［J］.工业技术经济，2020，39（2）：10.

［100］彭星，李斌.不同类型环境规制下中国工业绿色转型问题研究［J］.财经研究，2016，42（7）：134-144.

[101] 钱争鸣，刘晓晨．我国绿色经济效率的区域差异及收敛性研究［J］．厦门大学学报（哲学社会科学版），2014（1）：110-118.

[102] 邱寿丰．中国能源强度变化的区域影响分析［J］．数量经济技术经济研究，2008，25（12）：37-48.

[103] 曲建升，刘莉娜，曾静静，等．中国城乡居民生活碳排放驱动因素分析［J］．中国人口·资源与环境，2014，24（8）：33-41.

[104] 曲建升，张志强，曾静静，等．西北地区居民生活碳排放结构及其影响因素［J］．科学通报，2013，58（3）：260-266.

[105] 曲玥，蔡昉，张晓波．"飞雁模式"发生了吗？——对1998—2008年中国制造业的分析［J］．经济学（季刊），2013，12（3）：757-776.

[106] 任小静，屈小娥，张蕾蕾．环境规制对环境污染空间演变的影响［J］．北京理工大学学报（社会科学版），2018，20（1）：1-8.

[107] 沈能．环境效率、行业异质性与最优规制强度——中国工业行业面板数据的非线性检验［J］．中国工业经济，2012（3）：56-68.

[108] 师博，沈坤荣．政府干预、经济集聚与能源效率［J］．管理世界，2013（10）：6-18+187.

[109] 史琴琴，鲁丰先，陈海，等．中原经济区城镇居民消费间接碳排放时空格局及其影响因素［J］．资源科学，2018，40（6）：1297-1306.

[110] 史琴琴．中原经济区城镇居民消费间接碳排放时空格局及影响因素［D］．开封：河南大学，2017.

[111] 宋琳，吕杰．基于Theil指数的中国环境规制强度区域差异测度［J］．山东社会科学，2017（7）：140-144.

[112] 孙祁，张炳辰．俄罗斯计划2060年前实现碳中和［J］．检察风云，2022（4）：56-57.

[113] 谭娟，宗刚，刘文芝．基于VAR模型的我国政府环境规制对低碳经济影响分析［J］．科技管理研究，2013，33（24）：21-24.

［114］唐平．中国农村居民衣着消费问题的初步研究［J］．经济研究参考，1993（Z2）：735-739.

［115］田立新，张蓓蓓．中国碳排放变动的因素分解分析［J］．中国人口·资源与环境，2011，21（11）：1-7.

［116］田泽，肖玲颖，刘超，王雨璇，任阳军．中国城镇化对交通运输业碳排放的空间效应研究［J］．技术经济，2023，42（1）：141-153.

［117］童明．西部地区人口老龄化对居民医疗保健消费支出影响的实证研究［J］．大陆桥视野，2023（4）：87-89+92.

［118］万文玉，赵雪雁，王伟军．中国城市居民生活能源碳排放的时空格局及影响因素分析［J］．环境科学学报，2016，36（9）：3445-3455.

［119］万文玉，赵雪雁，王伟军，等．我国农村居民生活能源碳排放的时空特征分析［J］．生态学报，2017，37（19）：6390-6401.

［120］王迪，聂锐．2012年中国煤炭供需状况及价格走势判断［J］．中国煤炭，2012，38（2）：13-16+69.

［121］王殿茹，李敏．基于双重差分模型的碳减排效应［J］．河北地质大学学报，2022，45（4）：104-109.

［122］王分棉，贺佳，孙宛霖．命令型环境规制、ISO 14001认证与企业绿色创新——基于《环境空气质量标准（2012）》的准自然实验［J］．中国软科学，2021（9）：105-118.

［123］王锋，吴丽华，杨超．中国经济发展中碳排放增长的驱动因素研究［J］．经济研究，2010，45（2）：123-136.

［124］王会娟，夏炎．中国居民消费碳排放的影响因素及发展路径分析［J］．中国管理科学，2017，25（8）：1-10.

［125］王慧敏．发展"衣"见倾心［N］．中国信息报，2019-09-05（004）.

［126］王君华，李霞．中国工业行业经济增长与CO_2排放的脱钩效应［J］．经济地理，2015，35（5）：105-110.

［127］王莉，曲建升，刘莉娜，等．1995-2011年我国城乡居民家庭碳排放的分析与比较［J］．干旱区资源与环境，2015，29（5）：6-11.

［128］王璐．"交通+"打造乡村振兴新引擎［N］．经济参考报，2023-11-23（007）．

［129］王倩，高翠云．碳交易体系助力中国避免碳陷阱、促进碳脱钩的效应研究［J］．中国人口·资源与环境，2018，28（9）：16-23.

［130］王雅楠，左艺辉，陈伟，等．环境规制对碳排放的门槛效应及其区域差异［J］．环境科学研究，2018，31（4）：601-608.

［131］王怡．环境规制视角下政府路径依赖和环境行为研究［J］．辽宁大学学报（哲学社会科学版），2013，41（1）：76-81.

［132］吴开亚，王文秀，张浩，上海市居民消费的间接碳排放及影响因素分析［J］．华东经济管理，2013（1）：1-7.

［133］肖兴志，李少林．环境规制对产业升级路径的动态影响研究［J］．经济理论与经济管理，2013（6）：102-112.

［134］谢婷婷，郭艳芳．环境规制、技术创新与产业结构升级［J］．工业技术经济，2016，35（9）：135-145.

［135］辛佼．环境规制、技术创新与工业能耗强度的动态关联研究［D］．淄博：山东理工大学，2022.

［136］徐丽，曲建升，李恒吉，曾静静，张洪芬．中国居民能源消费碳排放现状分析及预测研究［J］．生态经济，2019，35（1）：19-23+29.

［137］许广月．中国能源消费碳排放与经济增长关系的研究［M］．北京：中国书籍出版社，2013.

［138］许士春，何正霞，龙如银．环境规制对企业绿色技术创新的影响［J］．科研管理，2012，33（6）：67-74.

［139］许晓燕，赵定涛，洪进．绿色技术创新的影响因素分析——基于中国专利的实证研究［J］．中南大学学报（社会科学版），2013，19（2）：29-33.

［140］许云飞，刘瑞元，辛颖．交通促进共同富裕研究［J］．山东交通科技，2023（3）：141-143.

［141］杨亚萍，王凯．环境规制对我国旅游业碳排放的门槛效应及区域差异［J］．地域研究与开发，2021，40（4）：118-122.

［142］杨屹，樊明东，张景乾．陕西省区域生态足迹动态变化及驱动因素差异研究［J］．生态科学，2018，37（3）：67-76.

［143］姚亮，刘晶茹，袁野．中国居民家庭消费碳足迹近20年增长情况及未来趋势研究［J］．环境科学学报，2017，37（6）：2403-2408.

［144］叶琴，曾刚，戴劭勋，等．不同环境规制工具对中国节能减排技术创新的影响——基于285个地级市面板数据［J］．中国人口·资源与环境，2018（2）：115-122.

［145］叶奕．区域异质性视角的中国居民碳排放研究［D］．北京：北京理工大学，2016.

［146］易梦婷．环境规制对碳排放的影响及作用机制分析［D］．南昌：江西财经大学，2022.

［147］游立素．环境规制对产业生态化转型影响的区域差异分析［D］．广州：华南理工大学，2019.

［148］袁红林，辛娜，邓宏亮．承接产业转移能兼顾经济增长和环境保护吗？——来自江西省的经验证据［J］．江西社会科学，2018，38（7）：66-74.

［149］原毅军，谢荣辉．环境规制的产业结构调整效应研究——基于中国省际面板数据的实证检验［J］．中国工业经济，2014（8）：57-69.

［150］曾小平．我国政府环境规制在低碳经济发展中作用的实证分析［J］．工业技术经济，2016，35（6）：7.

［151］张成，朱乾龙，同申．环境污染和经济增长的关系［J］．统计研究，2011，28（1）：59-67.

［152］张辉．美国环境公众参与理论及其对中国的启示［J］．现代法学，2015，37（4）：148-156.

［153］查建平．中国工业碳排放绩效测算及其驱动因素分析经济理论，法规［M］．成都：西南交通大学出版社，2014.

［154］张丽娜，郝宵，庞庆华，陈其勇，徐洁，张陈俊．城乡分异视角下居民食品消费碳排放驱动效应研究——以江苏省为例的实证分析［J］．软科学，2021，35（2）：54-59.

［155］张三峰，曹杰，杨德才．环境规制对企业生产率有好处吗？——来自企业层面数据的证据［J］．产业经济研究，2011（5）：18-25.

［156］张小洪，彭小龙，全庞羽，等．家庭生活用能对二氧化碳排放的影响分析［J］．资源科学，2011，33（9）：1668-1673.

［157］张馨，牛叔文，赵春升，等．中国城市化进程中的居民家庭能源消费及碳排放研究［J］．中国软科学，2011（9）：65-75.

［158］张馨．中国能源消费碳排放的时空差异及驱动因素［J］．干旱区地理，2018，41（5）：1116-1122.

［159］张鑫，张心灵，袁小龙．环境规制对生态环境与经济发展协调关系影响的实证检验［J］．统计与决策，2022，38（2）：77-81.

［160］张雨爽．长江经济带环境规制对碳排放影响研究［D］．重庆：重庆工商大学，2022.

［161］张卓群，张涛，冯冬发．中国碳排放强度的区域差异、动态演进及收敛性研究［J］．数量经济技术经济研究，2022，39（4）：67-87.

［162］赵佳策．环境规制下中国制造业企业绿色技术创新效率评价研究［D］．绵阳：西南科技大学，2022.

［163］赵敏．环境规制的经济学理论根源探究［J］．经济问题探索，2013（4）：152-155.

［164］赵一言．城镇化对交通行业碳排放的影响研究［J］．中国市场，2023（26）：29-32.

［165］仲云云，仲伟周．我国碳排放的区域差异及驱动因素分

析——基于脱钩和三层完全分解模型的实证研究［J］.财经研究，2012，38（2）：123-133.

［166］朱向东，贺灿飞，李茜，等.地方政府竞争、环境规制与中国城市空气污染［J］.中国人口·资源与环境，2018，28（6）：103-110.

附录：云南家庭消费行为与低碳减排意愿的调查报告

气候变暖严重制约了人类社会可持续发展，成为社会各界关注的热点话题。目前，人类活动已赶超工业部门成为碳排放的主要来源，而家庭作为人类活动的最小微观单位，亟须以此为突破口提高居民低碳意识，倡导绿色消费方式。云南作为我国生态文明建设的"排头兵"，各区域经济长期非均衡发展严重阻碍了其高质量发展，尤其是在居民收入和消费双增长的格局下，坚守住"排头兵"的地位，势必要把握家庭消费碳排放这个未来碳排放的关键点。

结合本书研究主题，调查组深入云南省各个州市，对居民家庭消费行为以及低碳意识情况进行实地调研，涉及家庭消费间接碳排放的主要行为及低碳减排意愿，主要包括食品、衣着、居住、家庭设备及服务、文教娱乐、交通通信、医疗保健七个方面。调研共发放问卷总数 1000 份，收回问卷 900 份，其中有效问卷数为 788 份，有效率达 87.60%。

1 家庭基本情况

云南家庭消费行为与低碳意识问卷调查中的家庭基本情况主要是从家

庭居住地、性别、年龄、职业、家庭成员受教育程度等方面展开，具体调研情况如下：

第一，家庭居住地。由附图 1-1 样本分布情况可知，本次调研涵盖了云南省 16 个州市的数据，具备广泛性。其中滇中（昆明市、楚雄市、玉溪市、曲靖市、昭通市）地区人口和经济水平均居于云南省前列，相应抽取的滇中地区样本量较多，具备典型性和代表性。

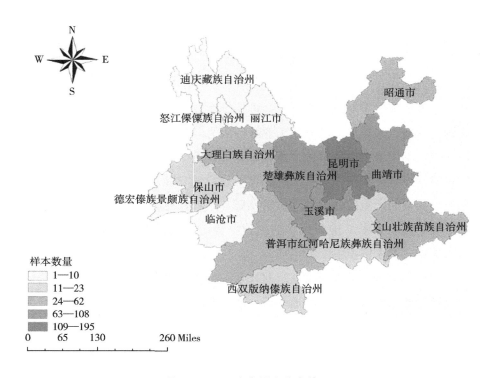

附图 1-1 云南省样本分布情况

注：本图根据自然资源部标准地图服务网站提供审图号为 GS（2023）2767 号的标准地图制作，底图无修改。

第二，家庭脱贫情况。调研数据表明有 265 个样本属于脱贫家庭，占据总样本量的 33.63%，579 个样本不属于脱贫家庭（见附图 1-2），占据总样本量的 66.37%。在过去几年政府实施产业扶贫、科技扶贫、到户增收等一系列扶贫措施，取得了显著成效。许多深度贫困地区成功脱贫，因病致贫的家庭全部脱贫，极大地改善了居民的生活水平，使他们从"十难"困境中走出。同时政府还采取各种措施如实施"雨露计划"改变教育情况，开展产业发展和就业帮扶，为乡村发展引进人才，防止规模性返贫，提高农民的可支配收入，完善基础设施建设，使居民生活方式和消费水平发生了翻天覆地的变化，家庭消费碳排放也在这个过程中逐步增长，预计增长趋势还会持续，其中农村家庭尤其是刚实现脱贫的家庭消费支出增长幅度最大，因此政府在关注脱贫家庭不会返贫的情况下，要注重引导居民形成正确的消费结构。

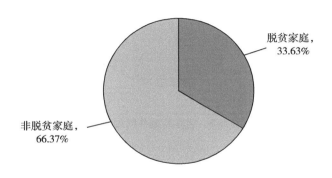

附图1-2 样本家庭脱贫情况

第三，在家庭共同居住人数方面。如附图1-3样本数据所示，大多数家庭以4人、5人及以上共同居住为主，两者占总调研比例的70%以上，3人及以下共同居住的家庭仅占20%左右。由此可以看出大多数家庭仍选择以群居为主，且家庭人口总数较多。2021年全国统计数据显示，云南省人口总数排全国第12位，家庭户均达2.88人，但家庭人口组成结构上却出现了较大转变。首先，人口本身基数大，但生活水平和消费需求日益提升，产生的消费量会逐步增加；其次，人口老龄化趋势导致共同居住人口老龄化占比升高，相应在医疗保健的支出会增加。随着生育政策放开，共同居住人口或许会持续增加，呈现年轻化和老龄化两级分化趋势。

共同居住人口中达到劳动力年龄人数越多，整体家庭收入就越高；如果共同居住人口中老龄人口和未成年人口越多，此家庭在家庭消费方面的支出就越多，因此家庭共同居住人口能够间接反映整个家庭的消费支出情况。

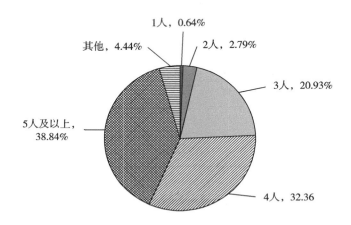

附图1-3　样本家庭共同居住人数

第四，在性别方面。在788份有效样本中（见附表1-1），女性占比为60.53%，男性占比为39.47%，女性参与调研的比例要略高于男性，这与参与调研的意愿度相关。在线下调研过程中发现，在农村地区女性居家人数相对较多，城镇地区女性参与意愿度更高，而且女性对家庭基本情况更加熟悉，男性调查者的参与意愿较低。

附表1-1　样本家庭基本情况　　　　　　单位：人，%

类型	选项	样本量	占比
性别	男	311	39.47
	女	477	60.53
家庭户口	城市	255	32.36
	农村	533	67.64

续表

类型	选项	样本量	占比
受教育程度	小学及以下	37	4.70
	初中	77	9.77
	高中	99	12.56
	大专及以上	575	72.97
家庭收入来源	工资收入	149	18.91
	个体经营收入	139	17.64
	股票、房租	42	5.33
	退休金	164	20.81
	务农	144	18.27
	半务农半打工	95	12.06
	其他	55	6.98

第五，在家庭户口方面。调研数据显示，城市人口和农村人口的占比分别为32.36%和67.64%，云南位于中国西南部，地形和资源分布复杂且呈现多样性，所以人口分布较为分散，农村人口基数大，城镇化水平相对较低。农村居民通过种植农作物、养殖牲畜为生，产生的家庭碳排放量较多。随着乡村振兴、持续完善乡村基础设施建设等措施实施，农村家庭消费将会持续拉大，家庭消费碳排放增长潜力大，据此本次调研选取农村户籍人数较多。

第六，家庭受教育程度。调研采用家庭成员最高学历来代表家庭受教育程度，其中，大专及以上的人数占比达72.97%，小学及以下学历者仅占总样本量的4.70%，初中学历有77人，占总样本的9.77%，高中学历为99人，占总样本的12.56%，由此可以看出大专及其以上学历人数较多，说明云南省整体受教育水平有所提升，对教育的重视程度提高，但城乡之间仍存在较大差异，这是由于城镇居民本身受教育程度普遍高于农村地区，对下一代教育的重视程度较高，再加上城镇基础设施完善以及教育资源丰富等多重优势使城镇居民普遍受教育程度高，楚雄市、昆明市、文山等区域大专及以上学历人数位居前列。相对而言，学历水平较低者多属于农村家庭，甚至存在"零"受教育人员，这不仅是家庭传统观念导致，也存在教育基础设施不完善以及资源受限等问题，虽然随着家庭生活水平的提高和观念的转变，云南省家庭对教育重视度也在普遍提高，但云南省受教育程度仍存在较大提升空间。城乡教育资源分配不均衡、不充分，以及义务教育普及力度和质量仍不充分，这些问题均需要不断改善，促进云南省教育向现代化、高质量和广泛性方向发展。只有不断提高家庭成员的认知水平，才能促进经济社会向高质量发展，在促进家庭收入水平的过程中转变居民消费观念。

第七，家庭收入来源。主要涵盖了工资收入、个体经营收入、务农和半务农等几大类，其中，务农类占比 18.27%，工资收入和个体经营收入占比分别为 18.91% 和 17.64%。云南省家庭收入来源相对更加多样化，城乡之间上班族以工资性收入来源为主，农村居民收入主要是以农业收入为主，但由于受气候因素和农产品价格波动影响，外出务工也逐渐成为农村居民收入的主要来源之一。云南省作为著名的旅游区，因此选择从事个体经营的较多，参与调研者中就有 139 人从事个体经营活动，占据总样本的 17.64%。在家庭收入来源方面，城镇地区与农村地区依旧存在较大差异，对城镇上班族而言，收入相对稳定，大部分群体能够"旱涝保收"，从事的职业相对具备一定门槛，对自身能力有一定要求。对农村务农人员而言，受农产品价格和气候影响较大无法保证收入的稳定性，即使是外出务工的群体也是从事体力相关的劳作。因此要想缩小城乡差距，保证农村地区居民收入的稳定性，需要政府采取相应措施，如稳定市场农产品价格、保证农作物受灾保险以及开展相应的农民教育计划，培育掌握技能的"新农人"，为农村事业发展注入源源不断的动力，以此保障农村家庭的收入。

第八，家庭成员年龄情况。如附图 1-4 样本家庭成员年龄分布情况所示，未成年人口占比为 15.40%，老龄人口占比为 14.85%，劳动力占比 70% 左右，说明云南省家庭劳动力比重相对较高，随着城市经济的不断发展，会吸引更多的年轻劳动力进入。整体云南家庭成员年龄构成情况说明云南省拥有一个相对年轻的年龄结构，但老龄化问题逐渐显现。虽然家庭中劳动年龄人口占比较高，这可能意味着家庭有较强的经济活力和抚养能力。然而，随着老龄人口的增加，家庭结构可能逐渐发生变化，对于养老、医疗等方面的社会支持需求也会相应增长。同时随着生育政策的逐步放开，未成年人口占比会持续增加，在教育方面的支出也会呈现不断上升，这也间接表明目前处于中年层的人群，所承受的生活压力会逐步增大，一方面承担老人的赡养支出，另一方面还要承担下一代的日常和教育支出，对于老年人口和青少年人口较多的家庭，后期可能会呈现家庭消费支出超过家庭收入的情况，社会也应注意对这一人群的心理疏导。因此云南省要稳定社会的年龄结构，保障劳动力充足的同时也要采取相应的措施保障老年人口的生活、消费和服务，关于青少年教育方面的保障力度也要进一步加大。

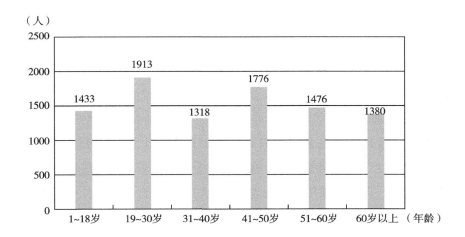

附图 1-4　样本家庭成员年龄分布情况

家庭收支情况能够侧面反映一个家庭的消费观念、消费倾向和经济水平。关于家庭收入主要包括家庭可支配收入、工资性收入、务农收入等方面，关于家庭消费主要指食品、居住、交通通信、文教娱乐、医疗保健、家庭设备、衣着和其他八大类。城乡之间收入和贫富存在较大差距，但随着乡村振兴战略、社会保障和公共服务等方面的政策调整，城镇化比例会不断上升，农村家庭收入水平也会提升。随着居民收入水平的提高，拉动了整体家庭消费水平，居民储蓄意愿进一步提高，为"养老、防病、防失业和教育"储备资金，同时也导致居民旅行方面的消费增多。虽然在整体消费支出总量上农村家庭低于城镇家庭，但增长速度却是农村家庭高于城镇家庭，两者间的差距在逐步缩小。经济发展使居民更加追求高质量的生活，消费观念的转变潜移默化影响居民消费支出结构，如生存型消费（如食品类、居民类）在总体消费中的比重下降，饮食结构的选择也更倾向于均衡化和营养化，在发展型和享受型方面的消费比重上升，对教育文娱等方面的重视程度和消费力度明显上升。在着力扩大国内需求，持续激发有潜能的消费的政策影响下，消费需求会逐步拉大。消费是生产的最终目的和动力，政府持续推进乡村振兴战略，并建设改造一批乡镇商贸中心，便民服务市场，一方面通过扩大消费基础设施投资激发消费需求，另一方面顺应人们不断增长的对高质量生活的需求，加快推进公共基础设施、教育医疗、家电等方面的投资，随着农村居民基础设施的逐步完善，线上购物渠道拓展，对食品、衣着和居住的高质量需求逐渐提升，家庭汽车保有量增加，在文娱教育方面的投入也不断提高。尤其是近几年在"双碳"目标和低碳观念的影响下，一批节能家电、新能源设备逐渐兴起，间接转变了家庭消费选择。基于此，为了进一步探究云南省消费行为与低碳意识，调研组采用线上问卷与实地访谈相结合的方式，对云南省居民八大类消费行为和低碳意识展开调研，具体内容如下：

2 家庭在食品方面的消费行为

食物是人类生存和发展的基础，其在生产和加工过程中产生的碳排放对气候变化的影响不可忽视。统计报告显示，2015年食物产生的碳排放量已达到全国碳排放水平的1/3，各国际组织也相继表明食物在生产和消费过程中所产生的能源消耗会影响人类社会的可持续发展和生物多样性，并且随着人口的不断增加对食物的消耗仍会不断增加，因此需要着重关注食品消费。我国作为人口大国，食品消耗也位居前列，尤其是自改革开放以来，居民生活水平不断提升，蛋、奶、肉等高碳排放食品消费增长速度较快，也间接导致了碳排放量的增长，增加了环境压力。因此掌握我国家庭食物消费模式对改变居民食品消费结构，倡导绿色均衡的消费模式具有促进作用。

云南省人口总量排全国第12位，家庭食品消费量较高，但作为我国生态文明建设的"排头兵"，云南省要注意食品生产和消费产生的碳排放对环境的影响。调研数据显示（见附图2-1），家庭食品方面的月均消费支出集中在1000元以下和1001~2000元两个区间内，两者共490人，占总样本的62.18%，月均支出在3000元以上仅有138人，占总样本的17.51%。相较于年均消费支出，食品消费只是其中一部分，并且在城乡之间存在较大差异。因为农村和城镇在食品消费方面呈现两种不同的形式，首先对农村而言，食品方面的支出占农村家庭消费的比例较高，虽然绝大部分家庭已经实现脱贫或是依靠乡村振兴战略走向小康，但是对农村而言食品依旧占首要位置。与以往不同的是，农村居民生活水平普遍提高，人们更加注重食品营养均衡，在蛋、奶、肉类等方面的消费逐步提升。其中，昆明、曲靖、文山等城市的人口较多的地区在食品方面的支出更多，而迪庆和怒江等在此方面的消费支出较低。对城镇而言，食品消费支出占据家庭总支出的比例要低于农村家庭，收入差距会影响消费结构的变化，城镇家庭除了注重饮食，结构的合理化还更加注重发展型和享乐型方面的投入，因此食品消费支出所占比例低于农村家庭。

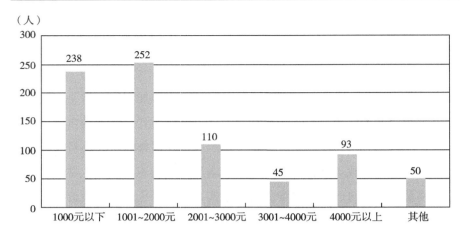

附图2-1 样本家庭食品消费支出

食物消费由植物类食品消费和动物类食品消费两部分构成，前者对应的消费支出和产生的碳排放要远低于后者。如附图2-2所示，植物类消费在200元以下占总样本的18.91%，月均消费支出在1000元以上的占总样本的24.11%，绝大部分家庭在植物类食品方面的支出处于中等水平，如月均消费在201~600元和601~1000元区间的分别为231人和154人，两者共占总样本的50%左右。因为植物类食品消费是日常饮食不可或缺的一部分，尤其是在近年来倡导均衡饮食和低碳观念地位宣传下，家庭对植物类食品需求有增长趋势。对于城镇家庭而言，植物类食品消费相对于农村家庭而言较多，主要停留在食用层面。城镇居民植物类食品的获取方式以购买为主，碳排放是由制作烹饪过程中产生的。对农村而言，植物类多是依靠家庭种植自给自足，而且农作物种植除了供家庭食用之外也是主要的收入来源。碳排放产生除了烹饪、厨余垃圾处理之外，农药化肥的使用以及农作物在生产加工过程中也会产生相应的能源消耗，对植物类食品的消费也不仅停留在食用层面，而是购买农药、化肥、机械等生产端的消费。调研数据显示，植物类食品消费支出较低的州市主要是文山、玉溪和曲靖等城市，较高的城市是昆明和楚雄，由于云南省各区域种植农作物不同，不同区域的植物类消费选择也有所不同。

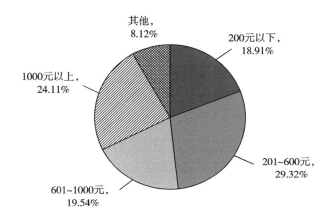

附图 2-2　样本家庭植物性消费支出

随着经济社会的快速发展，全球食品消费结构有所调整，肉、奶、蛋等动物类食物消费支出持续增长，由传统的主食为主的消费方式转向高肉类、高油脂等高营养高蛋白的饮食。此类消费高速增长不仅产生了大量的不利于人类社会可持续发展的碳排放，还会危害居民身体健康。调查数据显示（见附图 2-3），动物类食品消费支出显著高于植物类食品消费支出，其中月均消费在 500 元以下为 262 人，占总样本的 33.25%，501～1000 元为 90 人，占总样本的 25.25%，1001～1500 元为 44 人，占总样本的 9.01%，1501～2000 元为 62 人，占总样本的 7.87%，2000 元以上为 120 人，占总样本的 15.23%。说明动物类食品消费集中在 500 元以下、501～1000 元以及 2000 元以上三个区间，也间接表明家庭在动物类食品消费方面的支出较多。尤其是随着居民生活水平的提升，肉类、蛋类、奶类的需求量增长幅度较大。其中文山、楚雄等州市动物类食品消费支出集中于 500 元以下和 501～1000 元，而玉溪市、普洱市的动物类食品消费支出集中于 2000 元以上，这可能与各地的农牧场养殖情况和民族习俗有一定联系。对城镇居民而言，更倾向于营养成分较高的食品，因此日常消耗此类食品较多，消费支出也就偏多，产生的能源消耗主要来源于食品制作以及厨余垃圾处理。随着低碳观念的推广以及潜移默化影响饮食结构，城镇居民开始注重合理膳食搭配，一味追求高营养高蛋白的观念被取缔，导致城镇家庭在动物类食品消费方面的支出有缩减趋势，但自身基数仍较大。对农村地区而言，动物类食品消费支出是随着农村家庭生活水平的提高而逐步增加的，部分家庭饲养牲畜，所以部分蛋、奶、肉可以实现自给自足，但是养殖过程中也会带来较多的能源消耗，在动物类食品消费方面的支出也有一部分来源于养殖过程中饲料等方面。与城镇不同，农村家庭在此类方面的消费支出仍有不断增长的趋势。

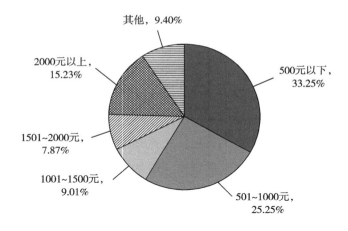

附图 2-3　样本家庭动物类消费支出

综上所述，要想控制家庭食品消费支出导致的能源消耗需要针对城镇地区和农村地区采取不同的措施，从生产到流通消费各个环节逐次突破。在生产端，要求农村家庭在种植农作物和饲养牲畜的时候，减少农药化肥的使用，管理来自反刍动物的肠道发酵和粪便过程中，采取粪便还田、沼气利用以及温室气体合成阻抑等措施进行减排。在流通端，要求高新技术的加入，达到节能减排的效果。在消费端，对城镇家庭提出了更高的要求，在居民膳食方面制定可持续消费方案，优化食品消费结构，减少食物浪费。

云南省的燃料消费主要包括电力、天然气、液化石油气、生物质燃料（如木柴和秸秆）等，同时云南凭借独特的地势条件，拥有丰富的水力和风力资源，能够提供充足的电力资源，所以云南省的电力资源在整体家庭燃料消耗中占较大比重。调研数据显示（见附图2-4），家庭燃料消费支出在500元以下的有507人，占总样本的64.34%，家庭燃料消费支出在501~1000元为90人，占总样本的11.42%，家庭燃料消费支出在1001~1500元为44人，占总样本的5.58%，家庭燃料消费支出在1501~2000元为13人，占总样本的1.65%，家庭燃料消费支出在2000元以上为31人，占总样本的3.94%，家庭燃料消费支出主要集中于500元以下，燃料所占据的家庭消费支出比例不高，但却是食品加工过程中不可或缺的条件。随着经济基础和技术的不断发展，家庭所使用的燃料也处于不断变动中，由煤炭这类高能耗燃料逐步转变到天然气、电力等能源消耗量较低的燃料。在燃料使用层面，由于城镇家庭和乡村家庭基础设施的不同，所采用的燃料使用也存在较大差异。对城镇地区而言，家庭燃料消费以电力和天然气为主。随着城市管道天然气建设的推进，天然气在家庭燃料消费中的比重逐年上升。此外，部分家庭可能会使用液化石油气作为烹饪燃料。对农村地区而言，生物质燃料（如木柴和秸秆）仍然占有一席之地，尤其是在偏远地区，但随着农村电力基础设施的改善，电力消费也在逐渐增加。经济快速发展带动云南省居民生活水平的提高，家庭燃料消费逐渐从传统的生物质燃料向电气化转变，生物质燃料的消费比重逐渐下降。尤其是近年来节能环保意识的宣传力度加大，社会各界对碳排放量更加重视，云南省作为生态文明建设的示范基地，更加注重节能减排技术推广和清洁能源的使用，政府开始采取一系列措施推广清洁能源。如对使用清洁能源的家庭给予补贴，推广节能环保型家电等。这些政策有助于促进家庭燃料消费结构优化，降低对传统能源的依赖。

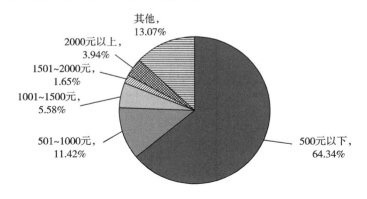

附图2-4　样本家庭燃料支出

3　家庭在衣着方面的消费行为

随着生活水平的不断提高，家庭在衣着方面的消费观念和支出也在发生变化，本部分将从衣着方面分析家庭的消费情况。家庭对衣着的选择与绿色低碳的生活方式息息相关。首先，频繁购买衣物不仅会造成资源浪费，还会增加生产环节的碳排放。其次，合理的洗涤和保养方式可以延长衣物的使用寿命，减少因衣物损坏而导致的频繁购买。最后，对废旧衣物的处理方式也会影响碳排放，随意丢弃废弃衣物会对环境造成污染。因此，了解家庭在衣着方面的消费情况在一定程度上能够反映家庭的低碳意识，家庭在衣着方面的消费支出越高，表明家庭在该方面产生的碳排放越高。

3.1　家庭购买衣物消费情况

家庭在衣着方面的消费支出主要为添置新衣物（包括衣服、裤子、鞋、饰品等）的费用，附图3-1为家庭购买衣着的消费支出情况。其中，年均消费支出在 1000 元及以下的家庭占比为 31.73%，1001~3000 元的占比为 33.50%，3001~5000 元的占比为 9.14%，5000 元以上的占比为 25.63%。由附图 3-1 可以看出，年均消费支出为 3000 元以下的家庭占比超过 60%，表明云南省大部分家庭在衣着方面的消费支出处于中等水平。该部分家庭对衣着的需求往往更注重实用性和性价比，而非盲目追求时尚潮流和高端品牌，消费观念较为理性。而年均消费支出超过 5000 元的这部分家庭可能对衣着方面的需求更高，这意味他们可能具有较高的经济收入和较强的消费能力，但相对云南省整体情况而言，该部分家庭占比较小。总体而言，表明云南省家庭在衣着方面的消费支出较小，该方面的资源浪费程度较低。

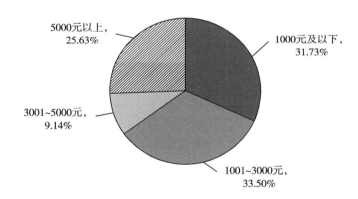

附图 3-1　家庭购买衣物年均消费支出统计

3.2　家庭购买衣物洗护用品消费情况

家庭对衣物的洗护频率在一定程度上能够反映家庭更换衣物的频率，在洗护用品方面的消费支出越多，表明家庭更换衣物频率越高。附图 3-2 为家庭在衣着洗护方面的消费支出情况。其中，年均消费支出在 100 元及以下的家庭占比为 29.95%，101~500 元的占比为 46.83%，501~1000 元的占比为 14.59%，1000 元以上的占比为 8.63%。与衣着消费支出情况相似，大部分家庭对于衣着洗护用品的年均消费支出在500元以下，占比约为77%。表明家庭在衣物护理方面的消费支出较低，更换衣物的频率较低。同时，对于洗护用品的低消费也表明家庭更倾向于简约的护理方式，如选择自然晾干，而不是使用烘干机，这也减少了能源消耗，降低了碳排放。

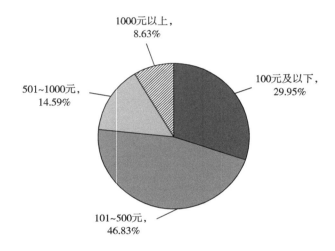

附图 3-2　家庭购买衣物洗护用品年均消费支出统计

3.3　家庭在衣着方面整体消费情况

由附图 3-1 和附图 3-2 的调查结果可知，云南省家庭在衣着方面的消费支出整体上处于中等水平，表明家庭在衣着方面产生的消费碳排放较低，低碳意识较强。家庭对衣着的选择有着较为理性的观念，不会盲目地追求高端产品，在一定程度上可以影响衣物在生产、运输以及使用等多个环节产生的碳排放，减少了衣着方面对环境的影响。同时，对衣着洗护方面的消费情况也反映了云南省家庭整体上洗涤衣物的频率不高，能源消耗较低。为推动全社会的低碳转型，家庭在衣着方面还可以在以下这些方面采取低碳行为。在选购环节，优先选择天然纤维如棉、麻、丝等材质的衣物。这些材质衣物在生产过程中相对低碳环保，且可降解性较高。避免购买过多合成纤维材质的服装，因为其生产过程往往消耗较多能源并可能产生较多污染物。在使用环节，合理保养衣物，按照衣物的洗涤说明进行清洗，避免过度洗涤和频繁使用烘干机。尽量采用自然晾干的方式，可减少能源消耗。同时，正确的洗涤和保养方法可以延长衣物的使用寿命。在处理环节，将不再穿的衣物进行回收。许多社区和慈善机构都设有旧衣回收点，可以将旧衣物捐赠给需要的人。无法捐赠的衣物也可以送到专业的回收机构，进行再加工或循环利用。

4 家庭在居住方面的消费行为

家庭在居住方面产生的碳排放为消费碳排放的主要部分，因此这部分将分析家庭在居住方面的消费情况。对家庭在居住方面的消费支出涉及多方面，主要包括住房费用、电费、水费、暖气费以及物业费等。这些费用的支出都涉及大量的能源消耗，能源消耗会释放大量的二氧化碳等温室气体，从而对环境产生负面影响。因此，分析家庭在居住方面的消费，能够了解家庭的能源消耗情况，为绿色低碳生活提供一定的建议。

4.1 家庭住房费用消费情况

住房费用方面，如果家庭有租房或购房需求，他们居住方面可能会产生房租、房贷等费用。而家庭对房屋的需求会引起房屋的修建，房屋修建过程中将会产生大量的能源消耗。而合理的居住建筑设计可以极大地提高能源效率，从而实现绿色低碳。例如，良好的朝向能充分利用自然采光和通风，减少人工照明和空调的使用。在屋顶安装太阳能板，能够利用太阳能发电,为家庭提供部分电力需求,减少对传统能源的依赖。因此居民在住房费用的多少可以反映居民在房屋方面的需求,进一步体现能源消耗情况。附图4-1显示了家庭年均住房费用情况。由附图4-1可以看出,家庭年均房费支出在1000元及以下的占比为79.19%,1001~5000元的占比为9.01%,5001~10000元的占比为5.08%,10000元以上的占比为6.73%。年均房费低于1000元的家庭占比达到了4/5,这是因为云南省农村地区人口较多,而农村地区家庭大多数为自建房,这部分家庭的租房需求和购房需求较低,因此大部分家庭不需要承担房费。较低的房费支出表明云南省大部分家庭在住房方面产生的能源消耗较低,在一定程度上拉低了碳排放水平。

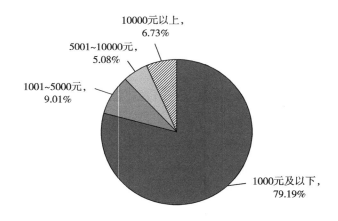

附图4-1　家庭年均住房费用支出统计

4.2　家庭水电费消费情况

家庭在能源使用方面的消费支出,主要包括电费和水费。这些费用的支出情况可以体现出家庭的能源利用情况,消费支出越高,能源消耗程度越高。因此对家庭能源消费情况的调查可以更好地了解云南省家庭消费低碳意识。附图4-2为家庭年均电费支出情况,年均电费500元及以下的家庭占比为 40.61%，501~1000 元的占比为 26.78%，1001~1500 元的占比为 15.86%，1500 元以上的占比为 16.75%。其中，年均消费不超过 1000元的家庭占比达到了 67%，表明云南省家庭在电费方面的支出较低，能源浪费较少。这可能是因为家庭环保节能意识较高，在家电选择上会优先考虑节能产品，能源利用效率较高。同时，随着天然气的普及，现阶段大部分家庭已经使用了天然气，故在电费方面的支出有所减少，在一定程度上提高了能源利用效率。

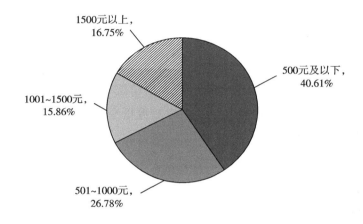

附图 4-2 家庭年均电费支出统计

附图 4-3 为家庭年均水费支出情况，年均水费 500 元及以下的家庭占比为 68.02%，501~1000 元的占比为 19.80%，1001~1500 元的占比为 5.71%，1500 元以上的占比为 6.47%。由调查结果可知，88% 的家庭水费支出不超过 1000 元。从前文的家庭住房费用支出统计分析可知，由于云南省大部分家庭生活在农村，有的家庭生活用水使用自家井水，因此在水费方面的支出较低。表明家庭水资源利用效率较高，节水意识较高。

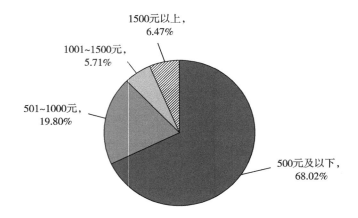

附图4-3　家庭年均水费支出统计

附图4-4是家庭年均水电费消费支出情况图，由附图4-4可以看出，云南省家庭水电费消费支出水平家庭数量变化趋势相同。其中，水费在年均500元及以下消费水平的家庭数量超过半数，相较于同一水平下的电费支出家庭，水费家庭数量多了216户。但是在其他三个消费水平上，家庭在用电消费的数量上均超过用水消费的家庭数量。水电费在501~1000元消费水平的家庭数量分别为156户和211户；水电费在1001~1500元消费水平的家庭数量分别为45户和125户；水电费在1500元以上消费水平的家庭数量分别为51户和132户。由家庭年均水电费情况可以发现云南省家庭整体上在水电方面的消费趋势相似，500元及以下的家庭数量最多，表明家庭在水电方面的能源消耗都较低，对环境的负面影响较小，家庭具有一定的节能意识。为进一步促进全社会低碳转型，未来家庭应继续加强低碳环保意识，通过合理的能源管理来降低碳排放。在电力使用方面，可以养成随手关灯、关电器的习惯，避免不必要的能源浪费。同时，选择节能型家电设备，如能效等级高的冰箱、空调、洗衣机等，在使用过程中能减少能源消耗。在水资源管理方面，家庭可以通过安装节水型水龙头、马桶和淋浴喷头等设施，来减少家庭用水量。同时，培养良好的节水习惯，如缩短淋浴时间、收集雨水用于浇花和冲洗厕所等，也能为绿色低碳做出贡献。

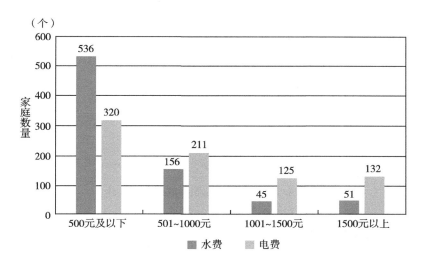

附图 4-4　家庭年均水电费消费支出比较

4.3　家庭取暖费消费情况

取暖费主要为家庭冬天所需要消耗的能源支出，附图 4-5 为家庭年均取暖费的消费情况。取暖费 1000 元及以下的家庭占比为 92.64%，1001~2000 元的占比为 5.08%，2001~3000 元的占比为 1.40%，3000 元以上的占比为 0.89%。从附图 4-5 可以明显地看出，大部分家庭取暖费都未超过 1000 元，表明家庭在取暖方面的消费支出较少。这是因为云南省地处低纬度高原，大部分地区气候温和，冬季气温较高，故家庭对于取暖的需求低于北方寒冷地区。且云南省作为南方地区，家庭中基本没有取暖设备，大部分都是使用空调或柴火取暖，故家庭在取暖方面的消费支出较少。家庭在取暖方面的低消费水平，在一定程度上降低了云南省的资源消耗，有助于碳减排。

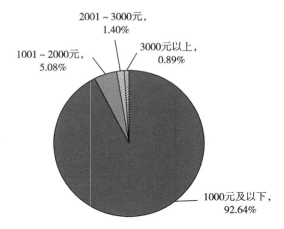

附图4-5　家庭年均取暖费消费支出统计

4.4　家庭物业费消费情况

物业费是家庭为维护社区建设而缴纳的管理费用，物业费缴纳的越高，表明社区设施建设投入越多，在一定程度上会影响碳排放。附图4-6为家庭年均物业费情况，年均物业费1000元及以下的家庭占比为80.08%，1001~2000元的占比为8.63%，2001~3000元的占比为5.20%，3000元以上的占比为6.09%。同家庭住房消费支出类似，因为云南省大部分家庭为自建房，故大部分家庭也不用缴纳物业费。

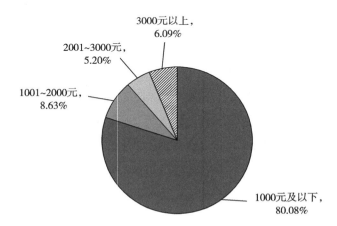

附图4-6　家庭年均物业费消费支出统计

4.5 家庭在居住方面整体消费情况

由上述分析可知，家庭在居住方面消费支出较低，表明家庭在该方面的能源消费较少。但居住方面作为家庭满足日常需求的基本消费，该方面的消费支出不会发生较大的改变。因此家庭在该方面的低碳行为应该受到重视，家庭应加强节能低碳意识，不断践行绿色低碳生活方式。在能源使用方面，选择节能型的产品和服务，如能效标识高的空调、冰箱、洗衣机、电视等，这些电器在运行过程中能够更加高效地利用能源，减少耗电量。日常生活中要养成良好的生活习惯，父母要为孩子做好榜样，做到言传身教，多方监督，为打造低碳社会贡献自己的力量。

5 家庭在家庭设备的消费行为

本部分将从家庭在家庭设备用品及服务方面的消费情况分析家庭低碳意识。家庭在家庭设备用品及服务方面的支出主要包括家具、家电、房屋维修以及日常品等的购买。家庭对家庭设备用品的选择对节能减排有着重要的影响，因为不同类型的设备会影响能源消耗。例如，节能型产品不仅可以大大降低能源消耗，还能减少家庭电费的支出；环保产品的选择可以促进资源的循环利用，降低对新资源的开采需求，从而减少碳排放。因此家庭设备用品和服务的消费情况在一定程度上也能反映家庭的低碳意识。

5.1 家庭购买家庭设备消费情况

附图5-1为家庭近一年内购买家庭设备（包括家具、家电、日用品等）的支出情况，1000元及以下的家庭占比为69.80%，1001~2000元的占比为 8.88%，2001～3000 元的占比为 3.93%，3000 元以上的占比为 17.39%。该结果显示家庭在家庭设备用品及服务方面的消费较低，这表明近一年内，家庭对家具家电的需求量较少，没有进行大量的物资添置。这说明家庭具有较强的节约意识，能够使家具家电达到较长的使用年限。在一定程度上反映了家庭在家具家电的能耗较少，对碳排放的影响较小。

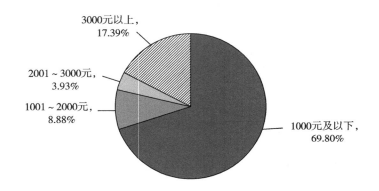

附图 5-1 家庭设备用品及服务消费支出统计

5.2 家庭维修家庭设备消费情况

附图 5-2 为家庭每年维修和维护家庭设备支出情况，100 元及以下的家庭占比为 74.37%，101～500 元的占比为 16.37%，501～1000 元的占比为 6.47%，1000 元以上的占比为 2.79%。由附图 5-2 可以看出，大部分家庭维修和维护费用都较低，表明家庭中各设备的使用率较高，损耗程度较低，降低了家庭添置设备用品的频率。同时表明家庭对于旧物的利用率较高，避免了材料的浪费，在一定程度上反映了家庭的绿色低碳意识较高。家庭能够通过合理的材料选择、能源利用和资源节约等措施，达到较为环保、低碳的效果。

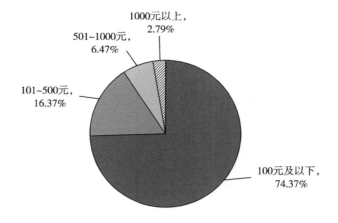

附图5-2　家庭设备用品维修消费支出统计

5.3　家庭在家庭设备用品及服务方面整体消费情况

由附图5-1和附图5-2的调查结果可知，家庭在家庭设备用品和服务方面的消费支出较低，表明家庭节能环保意识较强，不会频繁更换家具家电，有助于碳减排。同时，家庭设备用品的维修费用也呈现较低的消费水平，表明家庭对家具家电的损耗程度较低，没有造成资源的浪费。随着社会经济水平的提高，家具家电正在不断更新换代，家庭可以将能耗较高的家电逐步升级成节能高效的家电，有助于降低碳排放；同时，对家具家电要进行定期清洁、保养和维护，这样可以提高设备的运行效率，延长设备的使用寿命，减少能源消耗。

6　家庭在文教娱乐方面的消费行为

随着社会经济水平的不断提高，家庭的基本型消费正在逐渐减少，而对发展型消费和娱乐型消费的支出正在增加。而家庭在文教娱乐方面的消费支出情况恰好能够反映家庭的发展型消费和娱乐型消费情况，为实施家庭碳减排措施提供参考依据。因此本部分将对家庭在文教娱乐方面的消费情况进行分析。

6.1 家庭参与文教娱乐活动情况

家庭在文教娱乐方面的消费主要包括学校教育费用、文化活动费用、课外兴趣培养费用、学习辅助工具费用、影视影音费用、运动健身费用、旅行度假费用、餐饮娱乐费用、游戏娱乐费用以及其他费用 10 个方面。附图 6-1 为家庭参与的文教娱乐项目情况，其中在学校教育方面消费的家庭最多，达 454 户，超过了样本的 50%。这是因为有子女的家庭在学校教育方面产生学费、书本费、学杂费等费用，因此大部分家庭中都有学校教育费用的支出。其次是影视影音费用，有 322 户，家庭在影视影音方面的消费主要为看电视、电影等产生的费用，影视影音作为家庭获取外界信息的主要途径之一，该娱乐方式较为重要，因此占比也较高。

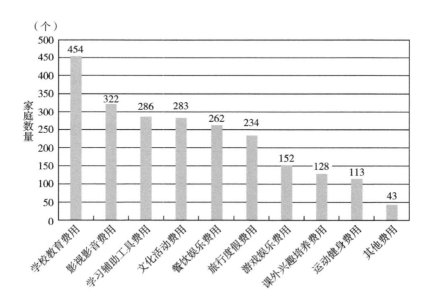

附图 6-1 家庭参与文教娱乐项目情况

然后是在学习辅助用具费用、文化活动费用、餐饮娱乐费用和旅行度假费用方面的家庭数量，分别是 286 户、283 户、262 户和 234 户，约为样本的 30%。学习辅助工具包括购买书籍、学习用品的费用；文化活动包括家庭外出观看戏剧、演出等文艺表演的门票费用等；餐饮娱乐主要是家庭在餐馆、咖啡厅、酒吧等餐饮场所产生的消费；旅行度假主要是家庭外出旅游产生的费用。这些费用都是满足日常基本娱乐需求的活动，因此家庭在这些方面的消费情况相似。接着是在游戏娱乐费用、课外兴趣培养费用和运动健身费用方面的家庭数量，分别为 152 户、128 户和 113 户，约为样本的 15%。游戏娱乐主要是家庭对游戏设备的购买；课外兴趣培养包括课外辅导班、兴趣班的费用，如音乐、绘画、舞蹈、书法、体育等各类培训课程费用；运动健身主要为办理健身会员卡、购买运动装备（如运动鞋、运动服装、健身器材等）的费用。这些费用主要为家庭培养兴趣爱好和锻炼身体产生的费用，大部分家庭空余时间较少，对这些方面的培养缺少时间，因此参与这些活动的家庭数量较少。最后是家庭参与其他费用的数量，有 43 户，占比最少。由上述分析可知，家庭参与的文教娱乐项目主要还是集中在学校教育方面，说明家庭对于教育的重视程度较高；其次是娱乐项目，包括影视影音、文化活动、旅行度假等，最后是对自身提升方面的消费，主要有兴趣培养、运动健身等。

6.2 家庭在文教娱乐方面消费情况

家庭在文教娱乐方面的消费支出可以反映家庭享受型和发展型的消费情况，从而显示家庭在该方面的碳排放情况。附图 6-2 为家庭在文教娱乐方面的月均消费支出情况，500 元及以下的占比为 50.38%，501~1000 元的占比为 26.40%，1001~2000 元的占比为 10.91%，2001~3000 元的占比为 4.82%，3000 元以上的占比为 7.49%。家庭月均消费在 500 元及以下的消费支出大约为样本的一半，表明大部分家庭在文教娱乐方面的消费较低。但是家庭月均消费在 1000 元以上的依然较多，占比约 23%，这部分家庭在文教娱乐方面的支出处于中等水平，能源消耗还能够进一步得到降低。

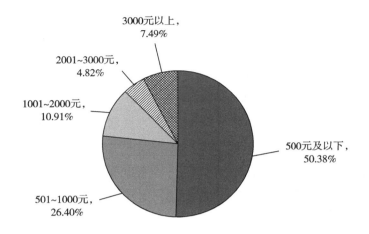

附图6-2　家庭月均文教娱乐消费支出统计

　　附图6-3为家庭在文教娱乐方面支出与总支出比重情况。文教娱乐消费支出小于总支出10%的家庭有447户，约为样本的56.73%；消费支出占总支出10%~20%的家庭有234户，约为样本的29.70%；消费支出占总支出20%~30%的家庭有65户，约为样本的8.25%；消费支出大于总支出30%的家庭有42户，约为样本的5.33%。由此可以看出，家庭在文教娱乐方面的消费支出在总支出的比例大部分小于10%，说明家庭在文教娱乐方面的消费支出较小，且这部分家庭在文教娱乐方面的支出可能大部分都用于学校教育费用，在其他方面的能源消耗程度较小。消费支出与总支出占比大于20%的家庭数量有107户，约为样本的13.58%，这部分家庭可能对发展型和享受型消费的需求较高，不仅要在学校教育这方面支出，还可能进行旅行度假、休闲娱乐等活动，因此在该方面的消费支出占总支出的比例较高。该部分家庭未来可以选择绿色低碳的出行方式，外出就餐时减少一次性餐具的使用，以降低在该方面的能源消耗，从而达到碳减排的效果。

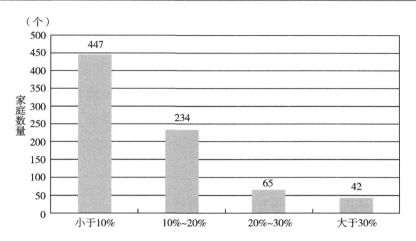

附图6-3　家庭文教娱乐消费支出与总支出比重

家庭在文教娱乐方面的花费时间长短可以反映家庭的能源消耗情况，使用时间越长，能源消耗越多，碳排放量越大。附图6-4是家庭在文教娱乐方面的时间花费情况，家庭在文教娱乐方面花费时间0～5小时的占比为74.37%，花费时间6～10小时的家庭占比为19.42%，花费时间在11～15小时的家庭占比为4.19%，花费时间在16小时以上的家

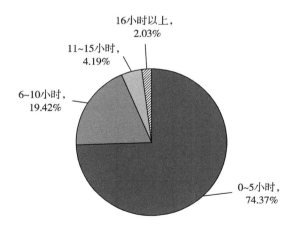

附图6-4　家庭在文教娱乐方面的时间花费情况

庭占比为 2.03%。由此可以看出，家庭在文教娱乐方面的花费时间大部分都在 0~5 小时，时间较短，说明家庭能够做到时间管理，没有沉迷于休闲娱乐，将大部分的时间花在文教娱乐上。其中，有极少部分（6.22%）的家庭花费时间达到了 11 小时以上，这可能和该家庭中某成员的职业有关，如主播、电竞选手等，他们对游戏设备、电脑的使用时间较长。这部分家庭可以升级优化相关设备，尽量做到环保节能，减少能源消耗。

6.3 家庭在文教娱乐方面整体消费情况

家庭参与各项文教娱乐活动对碳排放产生的影响是多种多样的，根据上述分析结果可知，家庭在文教娱乐方面的消费情况处于中等水平，能源消耗水平还可以降低。由于文教娱乐活动多种多样，因此家庭在该方面可以践行的低碳行为也较多。在学校教育方面，家庭如果增加对在线学习资源的投入，相比传统的线下教育模式，可以减少交通出行带来的碳排放。购买电子书籍、学习资料和软件，减少了对纸质书籍和印刷资料的需求，相应地也降低了碳排放。参加兴趣培训和文化活动时，优先选择线上教育培训课程和线上演出，减少线下出行带来的交通碳排放和能源消耗。如果参加线下活动，选择离家近的场所，尽量步行、骑自行车或乘坐公共交通工具前往，减少私家车的使用。在游戏娱乐方面，减少实体游戏光盘和游戏主机的生产和运输带来的碳排放。同时，合理控制游戏时间，节约能源。对线下桌游活动，选择环保材料制作的游戏道具，减少一次性包装的使用等。在运动健身方面，选择户外运动，如跑步、骑行、登山等，在享受大自然的同时，减少健身房的能源消耗。购买环保运动装备时，选择可回收材料制作的运动鞋、运动服装等。同时，延长运动装备的使用寿命，减少频繁更换带来的浪费。在宠物娱乐方面，选择环保宠物食品和用品，减少对环境的污染；定期为宠物进行体检和疫苗接种，减少宠物生病带来的医疗资源消耗；合理控制宠物的数量，避免过度繁殖；带宠物外出时，使用可降解的宠物垃圾袋，及时清理宠物粪便，保持环境整洁。综上所述，家庭在文教娱乐方面的支出可以通过合理的选择和行为，与绿色低碳发展相结合，为保护环境和可持续发展做出贡献。

7 家庭在交通通信方面的消费行为

现今，交通通信成了日常生活与交流联系的必要途径，家庭消费的交通通信包含交通运输设备；通信设备、计算机和其他电子设备；交通运输、仓储和邮政；信息传输、软件和信息技术服务等相关行业，这些行业的碳排放量构成家庭消费在交通通信方面的碳排放。家庭消费在交通通信的消费支出与行为能够直观地表征云南省家庭在出行方式、信息获取、通信途径等方面的消费需求与偏好。家庭的交通通信的消费行为包含以运输为主的交通消费行为与以信息传递为主的通信消费行为。近年来，居民消费需求的转变，消费结构也步入深度调整期，以私家车为主的交通工具消费支出猛增，旅游度假的通行费用增加，通行费用进入"提速降费"的新阶段。

7.1 家庭交通消费行为

交通运输业作为全球经济活动的重要支柱，其温室气体排放问题日益严重，已成为全球碳减排战略中的核心议题。2020 年，交通运输业碳排放量占比达 11%，成为继电力和工业之后的第三大排放源。《2023 数字出行助力零碳交通》报告显示，2023 年中国交通运输业的碳排放量在全国总排放量中的占比已超过 10%，且仍持续增长。特别是道路交通，其碳排放量约占整个交通运输部门的 80%，成为运输部门排放量的最大贡献者，构成了显著的减排挑战。游轮、短途汽车、柴油车、汽油车、中途航班是较为典型的高碳排放量出行方式。家庭的交通行为既涉及交通运输设备行业，又涉及交通运输、仓储和邮政等行业，直接关系交通的碳减排。交通碳排放的核算基本包含以下两种：一是以能源消耗为核心的自上而下法，二是以出行数据为核心的自下而上法。微观家庭视角测度交通消费碳排放必须考虑出行距离、交通工具等家庭因素，在云南的地势限制下，公路运输成为主要的运输方式。因此，从家庭汽车角度考虑云南的交通碳排放是切实可行的。在经济发展、人口增长、城镇化水平提升的加持下，家庭汽车消费发生潜在转变。随着道路基建与配套设备的相继完善，家庭对汽车的需求量持续上升，家庭私家车的保有量有增长趋势。在此趋势下，私家车成为家庭居民出行的主要方式，也是交通能源消耗与碳减排的首要贡献者。因而，在研究私家车的家庭保有量的现状分析基础上，从使用频率和油电费来考察家庭交通消费行为的潜在碳排放，并比较现有家用汽车的能耗类型与预期汽车的购买偏好来分析家庭未来可能的消费行为及其绿色化程度。

附图7-1为对788个云南家庭的消费行为进行的统计调查，没有私家车的家庭有179个，369个家庭拥有1台私家车，184个家庭拥有2台私家车，43个家庭拥有3台私家车，42个家庭拥有3台私家车，9个家庭拥有4台私家车，3个家庭拥有5台私家车，2个家庭拥有6台私家车。

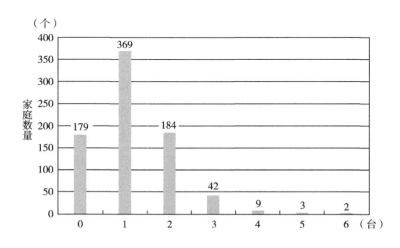

附图7-1 样本家庭汽车保有量统计

77.28%的家庭拥有私家车，其中，369个家庭拥有1台私家车，占比为46.83%；240个家庭的私家车拥有不止1台，占比为30.46%；甚至还出现私家车数量超过人口数量的情况。从整体数量来看，私家车成为家庭出行的主要工具，暗示出以公路为主的交通碳排放处于较高的排放量水平。从数量匹配度来看，云南省家庭汽车接近"一家一台"的数量匹配还有差距，说明汽车的保有量还有待提高，尤其是新能源汽车。从汽车拥有的相对比例来看，少数家庭有私家车消费过剩的情况，汽车消费受贫富差距的影响较大。

汽车代步便捷性的代价是交通运输处于脱碳成本曲线的"高成本区"，意味着汽车经济背后是动能支撑与燃料消耗，与家庭消费碳排放有着必然联系。家庭汽车的使用频率与邮电费直接反映出家庭在交通方面的支出，间接关系家庭交通出行的绿色化程度。附图7-2呈现出单个家庭一周内开车上班的使用频率，318个家庭每周的使用频率超过5次，135个家庭介于3~4次，103个家庭介于1~2次，232个家庭不开私家车上班。家庭地址与工作地点的距离决定了交通方式的选择，788个家庭中超过70%的家庭选择汽车代步来解决通勤问题，汽车已经成为

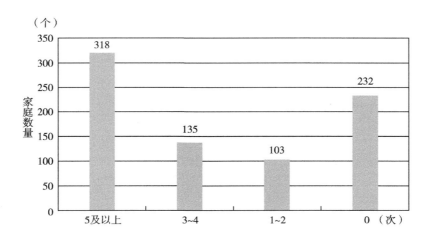

附图7-2　家用汽车每周上班使用频率

大多数家庭生活生存的必要成本，但是汽车代步必然会带来道路交通拥堵。然而，也存在接近 1/3 的家庭不选择汽车代步，除去样本家庭中的 179 个家庭没有私家车，约有 7%选择公交车、步行、电单车、地铁等方式解决上班上学问题，间接说明绿色出行理念也在深入家庭消费中。整体来看，绿色出行对环境有益，但大部分公众仍习惯于使用私家车，对步行、骑行或公共交通缺乏兴趣或信心。绿色出行不仅关乎环境保护，也是构建宜居城市、提升生活质量的重要组成部分。通过政府、企业、公众的共同努力，绿色出行的推广将会在未来发挥更大的作用。

汽车的油电费不仅是计算经济负担的工具，也是评估个人驾驶行为、车辆性能和经济性的窗口。油电费是衡量驾驶成本的直接指标，是评估汽车经济性的一个重要因素。从长期来看，低油耗和合理的电价有助于减少总体拥有成本。结合使用频率考察家庭每月的油电费使用情况，如附图 7-3 所示。家庭月均油电费支出处于 500 元及以下的占比为 50.68%，介于 501~1000 元的占比为 30.49%，介于 1001~1500 元的占比为 6.80%，1500 元以上的占比为 12.04%。超过半数的家庭月均油电费都低于 500 元，再次验证家用汽车主要用途在于解决近距离出行，而非远距离出行。整体 80%以上的家庭月均消费支出在 0~1000 元，说明家用汽车还处在

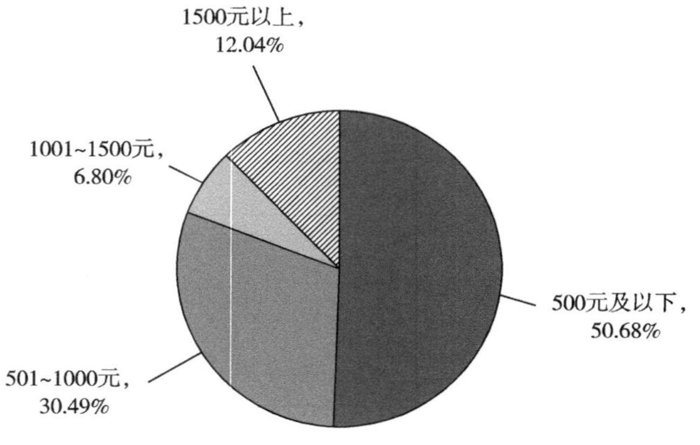

附图 7-3　家用汽车油电的月均消费支出统计

"普遍人均拥有，使用里程不高"的状态。更换近距离出行的方式可以显著减少家庭在交通方面的碳排放，例如，步行和骑行替代短途驾车、电动车或电动自行车替代燃油车、优先选择公共交通、共享出行、选择新能源汽车替代燃油车等低碳出行方式。控制家庭消费在交通方面的碳排放可以从更换近距离出行的方式来实现交通碳减排。

通过分析当前汽车消费的能耗类型（见附图7-4）与家庭预期的消费偏好（见附图7-5），能有效评估云南省家庭消费碳减排的可能性。从样本数据中的现有汽车能耗类型来看，由附图7-4可知，现有的家用汽车以"汽油>柴油>新能源>天然气"的能耗类型进行排列。以汽油为主的燃料消耗方式在云南家用汽车中占据主导性，新能源汽车占有率只有3.42%。面临公路运输的脱碳挑战，云南更需要提升交通电气化和清洁氢能的使用率，提高新能源汽车在道路车辆保有量的高渗透率。一方面，随着清洁能源技术的不断进步和成本的不断降低，太阳能、风能、水能等可再生能源在能源供应中的占比逐渐提高。云南拥有丰富的可再生能源资源，通过产业结构升级推动这些清洁能源的开发利用，减少家用汽车对化石能源的依赖，进而从源头上控制碳排放增长。另一方面，汽车能耗类型

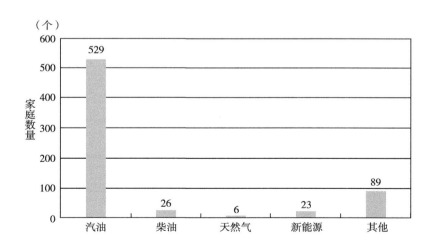

附图7-4　现有家用汽车的能源类型统计

的区分对于理解各类车型的能效表现及其环境影响具有重要意义。随着全球对环保要求的提高和技术的不断进步，未来汽车能耗标识将更加精细化和科学化，有助于消费者作出更明智的选择，同时也推动了汽车行业向更绿色、高效的方向发展。

从样本数据中的汽车选择偏好来看，如附图7-5所示，预期购买汽车的消费偏好按照"性价比高>节能>款式>品牌>体面"进行排序。首先，"性价比"成为预期汽车购买的主流偏好，新能源汽车使用费用远远低于燃油汽车，消费者心理驱使下新能源汽车的销售预期值较高。其次，"节能"仅次于"性价比"，说明在新能源汽车的政策导向与节能意识的深入贯彻下，未来以新能源燃料为首的汽车购买将会上升。最后，"体面""款式""品牌""其他"对家庭的汽车预期消费有相同水平的影响，因此，需要制定差异化的战略来促进新能源汽车的消费，降低燃油汽车的消费。在高密度区域，由于人口集中，公共交通设施能够更有效地服务于广大居民，降低了私家车的使用频率，缩短了行驶距离，从而降低了碳排放。

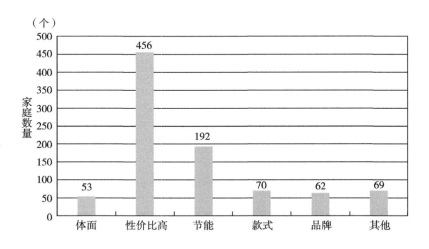

附图7-5　家用汽车的预期消费偏好统计

通过对 788 个家庭的交通消费行为的分析，得出如下启示：对以公路运输为主的云南来说，一是抓住汽车保有量空缺的机遇，通过普及新能源汽车的潜在"性价比"与政策优惠力度，提升新能源汽车的市场占有率；二是完善公共交通的基础设施，减少近距离出行对家庭汽车的依赖；三是增强低碳意识的宣传教育，将绿色出行贯穿在居民生产生活的方方面面。

7.2 家庭通信消费行为

在家庭交通通信消费方面，以交通运输消费为主，但是信息化时代的到来、互联网技术的加持、通信市场的黏合竞争，家庭消费在通信方面表现出较大的行为需求。"通信消费"通常指的是个人或家庭在通信服务方面的支出，包括电话、互联网、短信、数据流量等相关费用。随着科技的发展，通信消费的形式和内容也在不断变化。通信设备的迭代更新加快了消费者对通信设备的购买速度，信息获取与交流的现实需求增加了家庭在话费、宽带等方面的消费支出。

家庭通信设备的年均消费支出，包括购买手机、平板电脑、计算机等设备以及支付网络和通信费用，近年来因设备升级速度加快和服务多样化而逐步增长。在信息交流渠道的逐渐扩展下，家庭通信设备的消费支出也在大幅度增长。如附图 7-6 所示，样本家庭通信设备的年均消费支出 2000 元以下的占比为 32.11%，2001～3000 元的占比为 20.94%，3001～4000 元的占比为 10.15%，4000 元以上的占比为 36.80%。整体来说，受到家庭人数、工作性质、年龄特征等因素的影响，家庭在通信设备上的支出表现出"两端多，中间少"的特征。占比最大在 4000 元以上说明通信消费在多数家庭中的支出占比在上升；其次是 2000 元以下说明通信消费需求在一部分家庭中出现饱和现象，例如，老人家庭，共同居住的家庭等；占比最小的是 3001～4000 元消费档的家庭，说明通信消费中间档的家庭并不多。两者综合考虑可以看出通信消费支出的饱和度存在两级分化的可能，一部分家庭消费支出可能持续上升，而另一部分家庭将保持在现有的支出水平上，家庭通信消费的异质性明显。

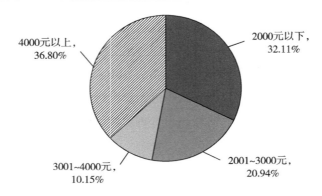

附图7-6　家庭通信设备的年均消费支出统计

8　家庭在医疗保健方面的消费行为

医疗卫生服务是人类基本需求之一，经济发展水平的持续增长、人口老龄化程度的加深、医疗领域技术的升级等多重经济社会因素的影响下，家庭医疗保健消费支出持续增大。在健康需求导向下，居民家庭不再局限于求医问诊的初级需求，逐渐在健康投资与医疗服务水平进行深化，然而，医疗保健不是单纯的需求引致消费，而是供给引致需求的消费。对家庭医疗保健方面的消费行为的考察，不仅要从消费者意愿的角度出发，而且要侧重政策导向、基础设施服务、公共卫生等供给方面考虑。医疗技术与器材的研发同样也对居民家庭的医疗保健支出产生正向促进影响。健康消费理念的深入，医疗保健的消费行为表现出主动化、常态化和专业化的态势，从医学科普到身心疗愈，"大健康"正在成为一种消费的刚需。因此，将医疗保险及服务的参与度、医疗单位的地点选择为影响医疗保健的直接因素，进行调查分析，进而从家庭医药支出与占比进行分析家庭医疗保健的消费行为。

8.1 家庭在医疗保险及服务方面的消费行为

医疗保险及服务的消费行为涉及个人和家庭在医疗方面的决策和支出，受多种因素的影响，包括医保政策、医疗需求、收入水平以及个人的健康意识等。医疗保险及服务是医疗保健消费行为的直接表现，其参与度的测度是评估现有医疗保险及服务普惠性的核心要素。因此，从医疗保险的参与行为、医疗保险的参与行动力、公共卫生（或免费医疗）的接受度与疾病预防（或卫生教育服务）的接受度依次进行调查统计分析。

保险的介入在某种程度上会缓解医疗消费支出，降低居民家庭就医的相对价格。医保覆盖下的医疗服务消费行为受多个因素影响，包括医保报销政策、个人经济条件、医疗服务的可得性和质量等。随着医保制度的不断完善以及健康观念的升级，医疗服务的消费行为也在逐步发生变化，从被动的疾病治疗转向主动的健康管理和预防。通过"您的家庭成员是否参与医疗保险或农村合作医疗等保险？""您家是否有按时缴纳医疗保险？"两个问题的"是""否"选择性回答，能充分反映家庭对医疗保险的态度与意愿行动力。如附图 8-1 所示，788 个样本家庭中有 742 个家庭有医疗保险的参与行为，占比为 94.16%，仅有 46 个家庭没有参与行为；同时有 729 个家庭能够按时缴纳医疗保险，占比为 92.51%，仅有 59 个家庭不能按时缴纳。两者直接差值较小，说明居民家庭在医疗保险的参与行为与参与行动力保持在较高的水平，且匹配度较高，但是也存在少数家庭对医疗保险的认知不明，导致其并无参与意愿。从参与比例与缴纳的及时性来看，云南省内居民医保的缴纳进入相对稳定期，医疗保障事业的发展呈现出良性、健康、可持续的状态。

自身意识行为是医疗保健消费支出的主要驱动力，公共医疗知识的普及、基础医疗设施的完善对医疗保健消费支出产生调节作用。通过"您家一年中是否接受过公共卫生或免费医疗服务？""您家平均一年中是否接受过疾病预防或卫生教育服务？"来了解样本家庭对公共卫生（或免费

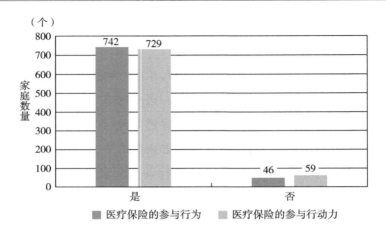

附图 8-1　医疗保险参与行为与意愿的选择分析

医疗）与疾病预防（或卫生教育服务）的接受度。公共卫生旨在预防疾病、降低社会健康负担，而免费医疗系统为人们提供了获得医疗服务的保障，从而确保每个公民都能得到适当的治疗。完善的公共卫生政策能够减少人们对医疗系统的依赖，而免费的医疗服务在疾病发生时为人们提供了必要的支持。如附图 8-2 所示，61.80%的家庭对公共卫生（或免费医疗）持接受认可的态度，说明公共卫生的政策基本覆盖了半数以上的家庭，居民参与认可度也保持良好；38.20%的家庭处于未接受过的状态，原因在于：一是这部分居民家庭对公共卫生（或免费医疗）保持相对警惕的态度；二是政策覆盖率未达到 100%的程度，对居民普及宣传还有待提高。

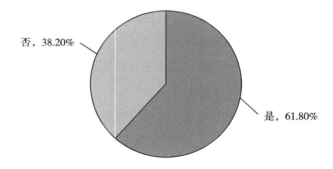

附图 8-2　公共卫生或免费医疗的接受度分析

疾病预防和卫生教育服务是保障公众健康的重要手段。通过加强疾病预防和卫生教育，可以有效降低疾病的发生和传播，提高人民的生活质量。疾病预防和卫生教育服务的公共认知是公共卫生领域的重要组成部分。通过增加公众对这些服务的理解和参与，可以显著提升社会整体健康水平，减少疾病负担。疾病预防（或卫生教育服务）是公共医疗普及的典型途径。如附图 8-3 所示，68.40% 的样本家庭对疾病预防（或卫生教育服务）持接受认可的态度；31.60% 的家庭还处于未接受的状态。疾病预防、卫生服务等相关教育科普活动对实施对象的影响力是有限的，不能做到人人了解的最优效果，拓展更多形式的科普活动是增强政策影响力的必要措施。疾病预防（或卫生教育服务）与公共卫生（或免费医疗）基本有相同的比例，说明整体上在健康消费理念的影响，大部分家庭对健康相关政策福利持赞同的意愿，但是相对医疗保险，居民家庭对疾病预防、公共卫生的认知度还不够。提升疾病预防和卫生教育的公共认知，不仅可以减少医疗资源的使用，还能提高社会整体健康水平，有助于实现"预防为主"的公共卫生目标。

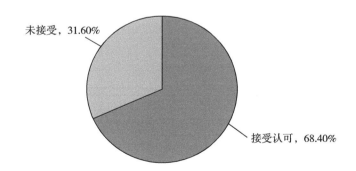

附图 8-3　疾病预防或卫生教育服务的接受度分析

8.2　家庭医疗单位的地点选择

家庭在选择医疗单位的地点时，既要考虑距离、交通等便利性，也要权衡医疗单位的服务质量、费用以及特殊需求。每个家庭的需求不同，最终的决策通常是在多种因素之间寻求平衡。医疗单位的地点选择对医疗设备的使用频率、就医的潜在医疗费用、误诊的错误率产生直接影响，对单次的医疗消费支出产生间接影响。医疗单位根据技术力量、管理水平、设备条件等综合质量划分层级，但受到地域限制，基本以行政等级进行地理上的层级分布。为更好地了解居民在看病就医时对医疗单位的选择，调查问卷将医疗单位分为个体私人诊所、村卫生站、乡镇卫生站、县级医院、市级及以上医院五个选择，提出"您家一般看病会去哪种医疗单位？"的问题。

如附图 8-4 所示，788 个样本家庭中在县级医院看病的家庭有 286 个，占比最高；其次是选市级及以上医院的有 200 个家庭、选乡镇卫生站的有 143 个家庭；选个体私人诊所与村卫生站的就医家庭数量较少，分别是 89 个与 70 个。在选择就医地点时，大部分家庭会选择能力范围内、医疗设备相对完善、医资势力较为认可的正规医院进行就医。受到家庭与医院的距离、语言限制，县级医院的家庭就医数量最多；村卫生站的距离优势并未突现，看病的家庭数量最少。因而，合理分配医疗资源将县级医院的医疗实力提升是惠民医疗的有效方式。

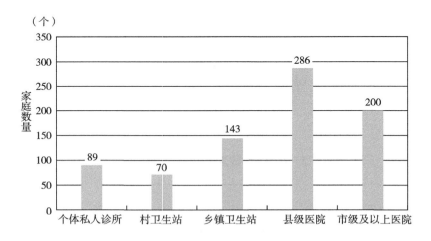

附图 8-4　家庭就医的医疗单位选择

8.3 家庭医药的消费行为

医药消费是家庭消费的必然构成，其支出特征与比例结构能有效反映出样本家庭的医疗保健消费的行为习惯。医药消费支出指的是个人或家庭在购买药品、医疗器械、保健品等相关医疗物品上的开支，影响医药消费支出的因素复杂多样，涵盖政策、经济、健康需求、社会结构等。医药消费存在明显的区域异质性和年龄异质性。在区域异质性方面，在经济发达地区，居民的医药消费支出较高，不仅因为人们有更多的收入可支配，还因为这些地区的医疗资源更丰富，药品种类齐全。而在偏远和欠发达地区，居民的医药支出相对较低，但医疗资源匮乏，药品供应不足。在年龄异质性方面，老年人群体的药物支出通常高于年轻人，主要是因为慢性病的发病率较高，且需要长期用药。

家庭医药消费是服务家庭生理（或心理）的保险需要进行购买行为，也是家庭医疗保健消费行为的最直观表征。附图8-5反映出了788个家庭医药消费支出额的区间，其中，30.33%的家庭医药消费支出在1000元及以下，21.45%的家庭在1001~1500元，12.44%的家庭在1501~2000元，8.25%的家庭在2001~2500元，6.73%的家庭在2501~3000元，20.81%

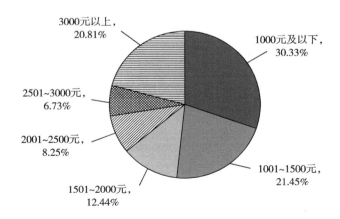

附图8-5 家庭医疗保健的年均消费支出统计

的家庭在 3000 元以上。整体上各个区间的占比相对均衡，医药消费支出受到家庭经济收入、家庭成员的患病率、医疗保健的重视程度等诸多因素的影响，家庭医疗消费呈现出各消费支出的相对均衡性。

为深入了解医疗保健的消费行为，规避单项类别的医疗消费支出均衡性干扰，设定"您的家庭平均每年医疗支出大概占家庭总支出的多少?"的问题，对医疗消费支出的比例结构进一步分析，如附图 8-6 所示。家庭医药的年均消费支出占家庭总支出小于 20% 的家庭有 467 个，占比最大，为 59.26%；20%~30% 的家庭有 223 个；30%~40% 的家庭有 56 个；40%~50% 的家庭有 25 个；50% 以上的家庭有 17 个。从样本数据的结果来看，一是家庭医药的年均消费支出占家庭总支出越大，家庭数量越少，说明在总支出受总收入的绝对限制前提下，医药消费支出受家庭经济收入的影响程度较大；二是大多数家庭处于 20% 以下或者 20%~30% 的比例，说明医药的消费空间限制极大，家庭消费的持续增加的来源不是医药消费。

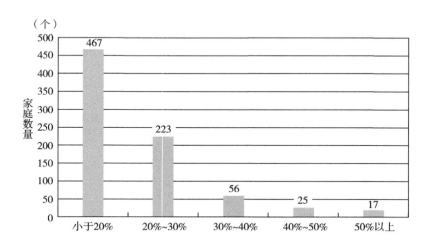

附图 8-6 家庭医药的年均消费支出占比统计

9   家庭低碳意识

随着工业化、城镇化进程的加快，居民生活水平显著提升，随之而来的能源消耗和碳排放量也在不断增加。家庭作为社会的基本单元，其生活方式、消费习惯以及低碳意识对整体碳排放量具有重要影响。本次调查采用问卷调查的方式进行，覆盖了云南省不同地区、不同收入水平、不同职业背景的家庭，使调查结果具有广泛性和代表性。并且重点关注了家庭在衣、食、住、行、娱乐、医疗等方面的低碳行为表现，以及家庭成员对低碳生活的认知、态度和意愿。在调查问卷设计时，用频率代替意愿，将调查对象的低碳意识与践行低碳行为的强度得以量化表征，其中，从不代表一周 0 次；偶尔代表 1 周 1~2 次；经常代表 1 周 3~4 次；总是代表 1 周 5 次以上。

9.1   总体情况

9.1.1   家庭周围低碳活动的宣传频率

问卷内容主要围绕家庭成员对周围低碳活动宣传的接触频率展开，设置了"从不""偶尔""经常""总是"四个选项供受访者选择。具体情况如附图 9-1 所示。

从分布情况来看，"从不"占比为 4%，表示有极少数家庭从未接触过任何形式的低碳活动宣传。"偶尔"占比为 29%，说明有相当一部分家庭能够偶尔接触到低碳活动宣传，但频率不高，可能不足以形成持续的影响。"经常"占比为 59%，说明大多数家庭能够经常性地接触到低碳活动宣传。"总是"占比为 8%，表示有少数家庭对低碳活动宣传保持着高度的关注和参与度，这些家庭可能是低碳生活的积极倡导者和实践者。从集中程度来看，家庭低碳活动宣传频率主要集中在"经常"选项上，占比

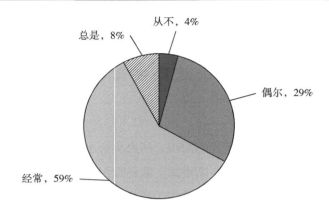

附图 9-1　低碳活动宣传情况

为 59%，表明大多数家庭都能够经常性地接触到低碳活动宣传。仍有 4%
的家庭从未接触过此类宣传，同时"偶尔"和"总是"选项也占有一定
的比例（分别为 29% 和 8%），这表明家庭低碳活动宣传频率的分布存在
一定的离散性。

综上所述，根据数据分析，得出以下结论：一是低碳活动宣传在家庭
层面的普及程度较高，大多数家庭能够经常性地接触到相关信息，这有助
于提升家庭成员的低碳意识和参与度。二是尽管有少数家庭从未接触过低
碳活动宣传，但总体上家庭低碳宣传接触频率的集中趋势是积极的，表明
低碳生活方式正逐渐受到更多家庭的关注和认可。

9.1.2　家庭低碳意识提升后的消费行为

问卷内容主要围绕家庭成员在低碳意识提升后的消费行为倾向展开，
设置了"从不""偶尔""经常""总是"四个选项供受访者选择。具体
情况如附图 9-2 所示。

从分布情况来看，"从不"占比为 8%，表明仅有极少数家庭在受到
低碳宣传活动影响后，仍不考虑低碳消费。"偶尔"占比为 19%，表示有
部分家庭在受到宣传影响后，会偶尔考虑低碳消费，但并非持续或常态化
的行为。"经常"占比为 67%，说明大多数家庭在受到低碳宣传活动的影

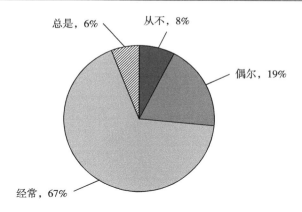

附图 9-2　家庭低碳消费意愿情况

响后，会经常性地考虑并采取低碳消费行为。"总是"占比为 6%，虽然比例相对较低，但仍有部分家庭在受到宣传影响后，总是优先考虑低碳消费，展现出高度的环保意识和行动力。从集中程度来看，家庭低碳消费意识受宣传活动影响的集中趋势明显，67% 的家庭在受到宣传影响后经常考虑低碳消费，这表明宣传活动对提升家庭低碳消费意识具有显著效果。但也可以看出仍存在一定程度的离散性。8% 的家庭从未考虑过低碳消费，显示出宣传活动的覆盖面或影响力仍有待加大；6% 的家庭总是优先考虑低碳消费，则表明在部分家庭中，低碳消费已成为一种生活方式和价值观。

综上所述，根据数据分析，得出以下结论：一是大多数家庭在受到低碳宣传活动的影响后，会经常性地考虑低碳消费，表明低碳理念在家庭层面得到有效传播和践行。二是尽管有少数家庭从未考虑过低碳消费，但总体来看，家庭低碳消费意愿的集中趋势是积极的，表明低碳生活方式正逐渐成为社会的共识和追求。

9.2　家庭食品消费的低碳意识

问卷内容主要围绕家庭成员在用餐时是否会考虑"光盘行动"展开，

设置了"从不""偶尔""经常""总是"四个选项供受访者选择。具体情况如附图9-3所示。

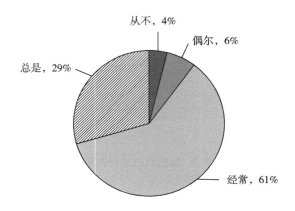

附图9-3　家庭用餐意识情况

从频数分布来看，"从不"占比为4%表示受访者及家人在用餐时从不考虑"光盘行动"，即几乎不关注食物浪费问题。"偶尔"占比为6%，表示受访者及家人在用餐时偶尔会考虑"光盘行动"，并非常态。"经常"占比为61%，表示受访者及家人在用餐时经常会考虑"光盘行动"，显示出较强的节约意识和减少食物浪费的行为习惯。"总是"占比为29%，表示受访者及家人在用餐时总是考虑"光盘行动"，显示了较高的执行频率。从比例分析来看，90%的受访者在用餐时会至少考虑"光盘行动"，这表明"光盘行动"在受访群体中具有较高的接受度和实践度。相比之下，4%的受访者表示从不考虑，这反映出"光盘行动"的理念在大多数情况下得到了积极响应。

综上所述，根据数据分析，得出以下结论：在受访群体中，"光盘行动"的接受度和实践度都非常高，绝大多数家庭在用餐时会考虑节约粮食、避免浪费，这体现了公众对于资源节约和环境保护的积极态度。

9.3 家庭衣着消费的低碳意识

9.3.1 家庭衣着方面的低碳行为

问卷内容主要围绕关于购买衣服时是否优先考虑低碳因素的问题展开，设置了"从不""偶尔""经常""总是"四个选项供受访者选择。具体情况如附图9-4所示。

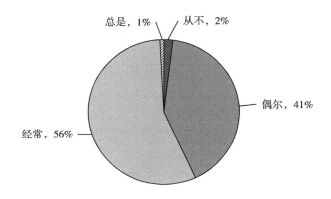

附图9-4 衣着购买趋势情况

从选项占比来看，"从不"占比为2%，表示这部分消费者在购买衣物时，几乎不会将低碳环保作为考量因素，这可能源于他们对环保意识的缺乏、对低碳生活方式的不了解，或者认为低碳与购买衣物之间的关联度不高。"偶尔"占比为41%，这表明这部分消费者具有一定的环保意识，但并未成为他们购物时的首要或必然考虑因素，可能在特定情况下（如价格优惠、品牌宣传等）才会注意到衣物的低碳属性。"经常"占比为56%，显示出大部分消费者在购买衣物时已经形成了较为固定的低碳环保消费习惯，更倾向于选择可持续材料制成的衣物，关注生产过程的环境影响，并愿意为此支付一定的溢价。"总是"占比为1%，对于这一小部分消费者而言，低碳环保是购买衣物时的考虑因素，更倾向于寻求并推广低碳环保的衣物品牌和产品。

综上所述，根据数据分析，得出以下结论：大部分受访者在购买衣物时会考虑到低碳因素，但程度不一。其中，经常考虑低碳因素的受访者占据多数，表明环保理念正在逐渐深入人心，并影响着人们的消费选择。然而，也应注意到，仍有少数人对低碳环保持忽视态度，以及极少数人虽然高度关注但尚未形成普遍现象。

9.3.2 减少衣服等消耗品产生碳排放量的有效措施

问卷内容主要围绕减少衣物等消耗品所产生的碳排放量的有效措施展开，共设置五个选项供受访者选择，分别为：A. 在衣服标签上注明是否为低碳产品或碳排放量，B. 加强购衣穿衣低碳意识，C. 增加废旧衣物回收站点，D. 设置积分制衣物回收，E. 其他。具体情况如附图 9-5 所示。

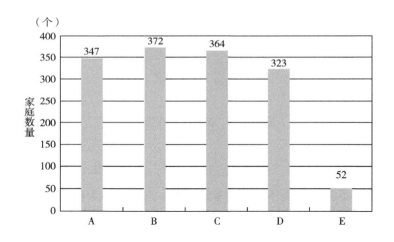

附图 9-5 衣着低碳意识的提升措施情况

根据调查结果显示，受访者对于减少衣服等消耗品所产生的碳排放量的措施持有积极态度，并倾向于多种措施的结合使用。具体而言，A：347 人，这表明部分消费者关注衣服生产过程中的碳排放信息，并希望能够在购买时得到明确的低碳或碳排放量标识，以便做出更环保的选择。B：372 人，这说明大多数人认为提高购衣和穿衣的低碳意识是减少碳排放的关键，他们可能认为通过教育引导，让更多人了解环保购衣的重要性，能有效促进环保行为。C：364人，这显示增加回收站点能够方便消费者处理不再需要的衣物，促进资源的循环利用，从而减少因废弃衣物而产生的碳排放。D：323人，这表明积分制回收可以作为一种激励机制，鼓励消费者积极参与衣物回收，通过回收行为获得积分，进而兑换奖励或优惠，进一步促进环保行为。E：52人，这部分占比较少，但仍有部分受访者提出了其他未被列出的建议或想法，例如，技术创新、政策支持、产业调整等，体现了公众对减少衣物碳排放问题的多元思考和探索。

综上所述，根据数据分析，得出以下结论：受访者普遍认为多种措施可以共同作用于减少衣物等消耗品的碳排放量。其中，"加强购衣穿衣低碳意识"获得了最广泛的支持，显示出公众对提升环保意识的迫切需求。同时，"在衣服标签上注明是否为低碳产品或碳排放量""增加废旧衣物回收站点"和"设置积分制衣物回收"等具体措施也获得了较高的认可度，这些措施的实施有望从生产、消费和回收等多个环节入手，共同推动衣物等消耗品行业的绿色转型。

9.4　家庭居住消费的低碳意识

9.4.1　家庭选择房屋时的低碳行为

问卷内容主要围绕关于选择房屋时是否优先考虑低碳因素的问题展开，设置了"是""否"两个选项供受访者选择。具体情况如附图9-6所示。

从回答结果来看，大多数受访者（540人，占总人数的68.5%）在选择房屋时确实会考虑"节能建筑"，这表明节能建筑的概念在当前社会中得到了广泛的关注和认可，说明节能建筑不仅能够满足人们对居住舒适度的需求，还能够有效降低能源消耗和减小对环境的影响，从而具有较高的市场吸引力和竞争力。同时，也有少数人（248人，占总人数的31.5%）表示在选择房屋时不考虑"节能建筑"，这可能反映了这部分人群对于节能建筑的认知不足、对其带来的长期经济效益和环境效益缺乏了解，或

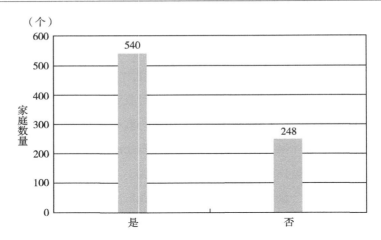

附图 9-6　家庭节能建筑选择情况

者是因为其他更为紧迫的购房因素（如地理位置、价格、户型等）占据了他们的主要决策空间。

综上所述，根据数据分析，得出以下结论：在选择房屋时考虑"节能建筑"已成为多数受访者的共识，这一趋势不仅反映了公众环保意识的提升，也为节能建筑的发展提供了广阔的市场空间，节能建筑有望成为房地产市场的主流趋势之一。

9.4.2　家庭成员出门随手关闭电源的低碳行为

问卷内容主要围绕家庭成员出门时是否具有随手关闭电源的行为展开，设置了"从不""偶尔""经常""总是"四个选项供受访者选择。具体情况如附图 9-7 所示。

从分布结果来看，"从不"占比为 4%，只有极少数的受访者表示他们从不在出门时关灯或切断电器电源，这可能是因为这部分人群对能源节约的意识相对较弱，或者生活习惯使然。"偶尔"占比为 9%，这部分受访者表示他们只是偶尔会在出门时采取这样的节能措施，这可能意味着这部分人群虽然有一定的节能意识，但在实际行动中缺乏持续性和规律性。"经常"占比为 49%，表明这部分人群已经形成了较为稳定的节能习惯，

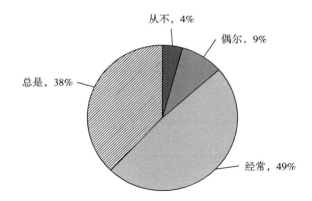

附图 9-7　家庭关闭电源行为情况

能够在日常生活中自觉实践节能减排的理念。"总是"占比为 38%，显示出这部分人群对能源节约的高度重视和严格执行，已经将节能行为内化为自己的生活习惯，无须额外提醒即可自觉执行。

综上所述，根据数据分析，得出以下结论：公众对于出门时关灯或切断电器电源的节能行为普遍持有积极态度，并能够在日常生活中加以实践。然而，仍有 13% 的人群在这方面做得不够，需要进一步加强节能宣传和教育工作。

9.5　家庭设备用品及服务消费的低碳意识

9.5.1　家庭成员的"便利"服务消费行为

问卷内容主要围绕家庭成员购买"一次性用品"等以高耗能、高污染为代价的"便利"服务展开，设置了"从不""偶尔""经常""总是"四个选项供受访者选择。具体情况如附图 9-8 所示。

从细分情况来看，"从不"占比为 4%，表示他们从不购买"一次性用品"等以高耗能、高污染为代价的"便利"服务，这部分人群可能对环境问题有深刻的认识，或者在生活中找到了更加环保的替代品。"偶尔"占比为 22%，这显示出这部分人群在消费选择上有一定的环保意识，但可能由于便利性、价格或其他因素，并未完全避免这类购买。"经常"

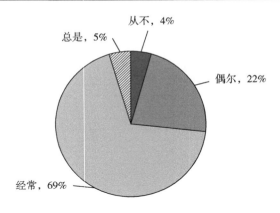

附图 9-8　家庭"便利"服务购买频率情况

占比为 69%，这一比例较高，反映出大多数人在日常生活中仍然倾向于选择这些看似方便但实则对环境有害的产品，这可能与现代社会的快节奏生活方式、消费习惯以及环保意识普及程度不够等因素有关。"总是"占比 5%，这一比例相对较低，但也表明有一部分人群在消费观念上可能尚未充分认识到高耗能、高污染产品的负面影响。

综上所述，根据数据分析，得出以下结论：大多数人在购买"一次性用品"等以高耗能、高污染为代价的"便利"服务方面仍然较为频繁，这反映出公众在环保意识与实际行动之间存在一定的偏差。

9.5.2　家庭成员购买家电时的低碳行为

问卷内容主要围绕关于购买家电时是否考虑节能的问题展开，设置了"是""否"两个选项供受访者选择。具体情况如附图 9-9 所示。

从细分结果来看，不考虑节能的受访者（337 人，占总样本的 42.77%）可能由于预算限制、更注重家电的价格、品牌和功能、对节能技术了解不足，或是对短期经济利益更为看重等原因，而未能将节能作为购买决策的重要考量。考虑节能的受访者（451 人，占总样本的 57.23%）对家电的能效表现持积极态度，愿意为了长期的能源节约和可能的成本降低而选择更为节能的产品。从数据中可以看出，超过半数的受访者已经将节能视为

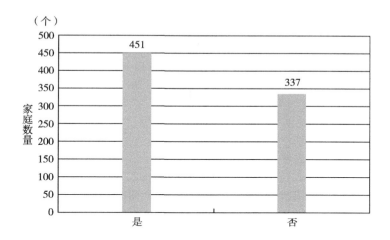

（个）

附图 9-9　家庭节能家电购买意愿情况

购买家电时的重要考量，这反映了随着环保意识的增强和能源价格的波动，消费者对家电产品的能效要求也在逐步提高。并且，消费者的这一偏好将直接影响家电市场的产品开发和销售策略，为了迎合市场需求，家电制造商可能会更加注重产品的节能技术研发和市场推广，以满足重视节能的消费者。

综上所述，根据数据分析，得出以下结论：在购买家电时，超过半数的消费者会考虑节能因素，这表明节能已成为影响消费者购买决策的重要因素之一。随着环保意识的不断提升和能源问题的日益突出，未来家电市场的竞争将更加侧重于产品的能效表现，节能家电有望成为市场的主流趋势。

9.6　家庭文教娱乐消费的低碳意识

问卷内容主要围绕家庭成员在线上文娱活动所花费的时间频率展开，设置了"从不""偶尔""经常""总是"四个选项供受访者选择。具体情况如附图 9-10 所示。

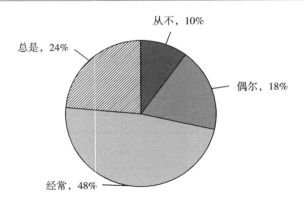

附图9-10　家庭线上文娱活动时间花费情况

从百分比分布来看，"从不"占比为10%，这表明有少数受访者（或其家庭成员）从未参与过线上教育或类似的低碳线上文娱活动，可能是个人偏好、技术限制、时间管理或其他因素导致的。"偶尔"占比为18%，这部分受访者表示他们偶尔会参与线上教育等活动，但并非频繁进行，可能是因为他们在特定情况下（如需要补充知识、时间充裕等）才会选择线上方式进行学习或娱乐。"经常"占比为48%，说明大多数受访者及其家人经常性地参与线上教育等低碳文娱活动，这反映了线上教育在现代生活中的普及程度以及人们对这种便捷、低碳学习方式的接受度。"总是"占比为24%，这部分受访者表示他们几乎总是选择线上教育等低碳方式进行学习或娱乐，可能是因为他们对线上平台的依赖度高，或者认为这种方式更加符合他们的生活习惯和需求。

综上所述，根据数据分析，得出以下结论：受访者及其家人在参与"线上教育"等低碳线上文娱活动的频率上呈现一定的多样性，但整体上更倾向于"经常"参与此类活动，这反映了线上教育等新型学习娱乐方式的广泛接受度和普及程度。同时，也有一部分人群对这类活动的参与度较低，提示我们在推广和普及线上教育等低碳文娱方式时，仍需关注并满足不同人群的需求和偏好。

9.7　家庭交通通信消费的低碳意识

9.7.1　家庭购买汽车时的低碳行为

问卷内容主要围绕关于购买汽车产品时是否优先考虑"新能源汽车"展开，设置了"是""否"两个选项供受访者选择。具体情况如附图 9-11 所示。

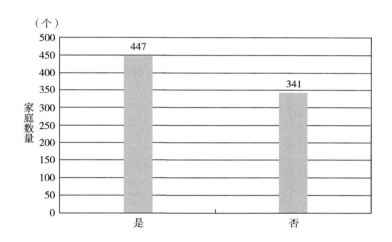

附图 9-11　家庭新能源汽车购买意愿情况

从调查结果来看，不考虑新能源汽车的受访者共有 341 人，占比为 43.3%，这一数据反映了尽管新能源汽车市场正在快速发展，但仍有一部分消费者由于种种原因，例如，续航里程焦虑、充电设施不便、价格因素以及对新技术的不信任等，使他们并未将其纳入购车考虑范围。考虑新能源汽车的受访者共有 447 人，占比为 56.7%，这一比例略高于不考虑新能源汽车的受访者，显示出新能源汽车在市场上的吸引力和潜在需求正在逐步增强。这部分消费者可能更加关注环保、节能以及未来汽车行业的发展趋势，愿意尝试新技术并享受新能源汽车带来的独特驾驶体验。

综上所述，根据数据分析，得出以下结论：家庭在购买汽车产品时，对新能源汽车的接受度较高，超过半数的受访者表示会考虑购买新能源汽车。然而，也应注意到仍有一部分受访者对新能源汽车持保留态度。这一趋势表明，随着新能源汽车技术的不断成熟、政策支持的加强以及市场认知度的提升，新能源汽车市场有望进一步扩大，并在未来汽车市场中占据更加重要的地位。同时，也提示了汽车制造商和相关政策制定者需要继续加大投入，优化产品性能，完善配套设施，以更好地满足消费者的需求和期待。

9.7.2 家庭出行方式的低碳行为

问卷内容主要围绕家庭成员在绿色出行方式上的选择展开，设置了"从不""偶尔""经常""总是"四个选项供受访者选择。具体情况如附图9-12所示。

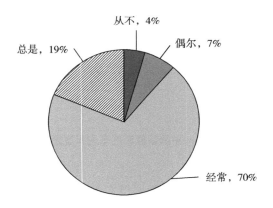

附图9-12 家庭绿色出行方式选择情况

从比例分布来看，"从不"占比为4%，这部分受访者可能由于个人习惯、出行需求、时间成本等因素，更倾向于使用私家车或其他非绿色出行方式。"偶尔"占比为7%，这部分受访者可能在特定情况下（如交通拥堵、天气恶劣等）会选择绿色出行方式，但并非其主要出行方式。"经常"占比为70%，绝大多数受访者表示经常选择绿色出行方式，这反映了绿色出行理念在家庭中的普及程度较高，这一比例的提高得益于公共交通系统的不断完善、共享单车等新型出行方式的兴起以及环保意识的提升。"总是"占比为 19%，这部分受访者表示总是选择绿色出行方式，这表明他们具有强烈的环保意识，将绿色出行作为了一种生活方式。

综上所述，根据数据分析，得出以下结论：绿色出行方式在受访者中具有较高的接受度和使用率。尽管仍有少数人群从不或偶尔选择绿色出行，但大多数受访者已经形成了经常甚至总是选择绿色出行方式的习惯。这有助于减少交通拥堵、降低空气污染、提升城市环境质量，并促进社会的可持续发展。

9.7.3　家庭通信方面的低碳行为

问卷内容主要围绕家庭更换电子产品的频率展开，共设置四个选项供受访者选择，分别为：A. 每年更换 1 次以上，B. 每年更换 1 次，C. 每 3 年或更长时间更换 1 次，D. 按需购买或更换。具体情况如附图 9-13 所示。

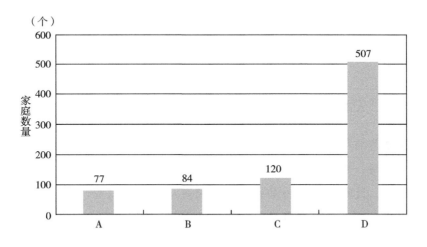

附图 9-13　家庭更换电子产品频率情况

从频率分布来看，频繁更换者（A 和 B）合计 161 人，这可能反映了部分高收入或追求最新科技的家庭偏好，可能因为经济能力较强、对新技术有浓厚兴趣或是工作需要而频繁更换电子产品。稳定更换者（C）有120人，这部分家庭可能代表着一种较为平衡的消费观念，可能更加关注电子产品的实用性和耐用性，而不是过分追求最新款或最先进的技术。按需更换者（D）有507人，这表明按需购买或更换已成为主流的消费习惯，反映了家庭在电子产品消费上的理性和成熟，他们更倾向于在电子产品出现故障、性能无法满足需求或遇到特别优惠时再进行更换。

综上所述，根据数据分析，得出以下结论：大多数家庭在更换电子产品时采取的是按需购买或更换的策略，这既体现了家庭在消费上的理性和成熟，也反映了电子产品市场日益成熟和多样化的现状。同时，也有少数家庭选择每年或更频繁地更换电子产品，这可能与他们的经济能力、个人兴趣或工作需求有关。总体而言，家庭在更换电子产品时的频率和策略呈现出多样化的特点。

10 云南家庭的消费行为与低碳意识总结

10.1 云南家庭的消费行为

家庭的消费行为是一个多因素交织的复杂过程，受到收入水平、家庭规模与结构、文化与社会习惯、消费观念与态度、宏观经济环境等诸多因素的影响，且随着时代的发展和科技的进步，家庭消费行为也在不断演变。以样本数据为参考分析云南省在食品、衣着、居住、家庭设备及服务、文教娱乐、交通通信、医疗保健七个方面的消费行为。

第一，在食品消费行为上，倡导均衡饮食和低碳观念地位宣传下，云南省家庭对于植物类食品需求有增长趋势；由传统的主食为主的消费方式转向高肉类、高油脂等高营养高蛋白的饮食，动物类食品消费支出显著高于植物类食品消费支出；农村和城镇在食品消费方面呈现两种不同的形式，食品消费在城乡之间存在较大差异。在饮食结构的变动驱使下，家庭所使用的燃料也处于不断变动中，由煤炭这类高能耗燃料逐步转变为天然气、电力等能源消耗量较低的燃料。

第二，在衣着消费行为上，云南省家庭在衣着方面的消费支出较小，在衣物护理方面的消费支出较低，更换衣物的频率较低，资源浪费程度较低；家庭对衣着的选择有着较为理性的观念，不会盲目地追求高端产品，在一定程度上可以影响衣物在生产、运输以及使用等多个环节产生的碳排放，减少了衣着方面对环境的影响。

第三，在居住消费行为上，在水费方面的支出较低，家庭水资源利用效率较高，节水意识较高；同时，家庭对取暖的需求程度低于北方寒冷地区，居住方面作为家庭满足日常需求的基本消费，整体上云南省家庭在该方面的能源消费较少。

第四，在家庭设备及服务消费行为上，家庭节能环保意识较强，不会频繁更换家具家电，整体的消费支出较低有助于碳减排。同时，家庭设备用品的维修费用也呈现出较低的消费水平，表明家庭对家具家电的损耗程度较低，没有造成资源的浪费。

第五，在文教娱乐消费行为上，家庭参与各项文教娱乐活动对碳排放产生的影响是多种多样的，在文教娱乐方面的消费情况处于中等水平，能源消耗水平还存在降低的空间。

第六，在交通通信消费行为上，以汽油为主的燃料消耗方式在云南家庭汽车的占据主导性，但在新能源车的政策导向与节能意识的深入贯彻下，未来以新能源燃料为首的汽车购买将会上升。通信消费支出的饱和度存在两级分化的可能，一部分家庭消费支出可能持续上升，而另一部分家庭将保持在现有的支出水平上。

第七，在医疗保健消费行为上，居民家庭在医疗保险的参与行为与参与行动力保持在较高的水平，且匹配度较高；疾病预防（或卫生教育服务）与公共卫生（或免费医疗）基本有相同的比例，整体上受健康消费理念的影响，大部分家庭对健康相关政策福利持赞同的态度，但是相对医疗保险，居民家庭对疾病预防、公共卫生的认知度还不够；在选择就医地点时，大部分家庭会选择能力范围内、医疗设备相对完善、医资力量较为认可的正规医院进行就医；总支出受总收入的绝对限制前提下，医药消费支出受家庭经济收入的影响程度较大。

10.2 云南家庭的低碳意识

家庭成员在日常生活中通过节能减排、绿色出行、减少垃圾与废物管理、减少食物消费来提高减少碳排放、保护环境的意识，家庭低碳意识的增强对推动可持续发展、应对气候变化具有重要意义。

第一，云南省家庭低碳意识逐渐增强。随着全球气候变化的严峻形势和国家对低碳生活的倡导，云南省的家庭成员对低碳生活概念有了一定程度的了解，并且越来越多的家庭开始关注低碳环保的生活方式。虽然整体了解程度还存在差异，但年轻家庭相较于老年家庭对低碳生活的认知更为深入，且更愿意尝试和实践低碳生活方式。

第二，家庭消费行为中已采取一些低碳环保的消费行为。例如，使用节能灯具、购买节能家电、减少一次性用品的使用、进行垃圾分类等。这些行为不仅有助于减少家庭能源消耗和碳排放，还提升了家庭的生活质量。

第三，低碳消费习惯尚未普及。尽管有部分家庭已经开始实践低碳生活，但整体上低碳消费习惯尚未在云南省的家庭中普及。许多家庭在消费时仍然倾向于选择传统的高能耗产品，对低碳产品的认知度和接受度有待提高。此外，一些家庭在节能减排方面缺乏具体的行动计划和措施。

第四，家庭低碳消费行为的形成受到多种因素的影响，包括家庭经济状况、成员年龄结构、教育背景、环保意识等。